U0090673

中國學術思想 研究輯刊

二二編

林慶彰 主編

第 2 冊

虞翻易學的氣論思想研究（中）

黃嘉琳 著

花木蘭文化出版社

國家圖書館出版品預行編目資料

虞翻易學的氣論思想研究（中）／黃嘉琳 著 — 初版 — 新
北市：花木蘭文化出版社，2015〔民104〕
目 14+158 面；19×26 公分
（中國學術思想研究輯刊 二二編；第 2 冊）
ISBN 978-986-404-359-0（精裝）
1.（漢）虞翻 2. 易學 3. 學術思想
030.8   104014674

ISBN- 978-986-404-359-0

9 789864 043590

中國學術思想研究輯刊
二二編 第 二 冊   ISBN：978-986-404-359-0

虞翻易學的氣論思想研究（中）

作　　者　黃嘉琳
主　　編　林慶彰
總 編 輯　杜潔祥
副總編輯　楊嘉樂
編　　輯　許郁翎
出　　版　花木蘭文化出版社
社　　長　高小娟
聯絡地址　235 新北市中和區中安街七二號十三樓
　　　　　電話：02-2923-1455／傳眞：02-2923-1452
網　　址　http://www.huamulan.tw 信箱 hml 810518@gmail.com
印　　刷　普羅文化出版廣告事業
封面設計　劉開工作室
初　　版　2015 年 9 月
全書字數　472406 字
定　　價　二二編 22 冊（精裝）新台幣 40,000 元
版權所有・請勿翻印

虞翻易學的氣論思想研究(中)

黃嘉琳　著

目次

第五章 虞翻之《易》學基礎建構

　　此章論述虞翻《易》注中所運用之《易》學基本建構，本文將兩兩相似的建構合併一節，以便理解或釐清體例，如「互體說」與「連互說」，「互反說」與「旁通說」，「半象說」與「兩象易說」，其餘部份則歸之於第四節「其它《易》學體例」，依次有「中」、「伏」、「承」、「據」、「乘」、「應」、「數」等《易》學體例。

第一節　「互體」、「連互」之說

一、互體說

　　「互體」係言一別卦中，除了初爻、二爻、三爻所組成之下卦與四爻、五爻、上爻所組成之下卦外，尚有三個爻位相連而成之經卦，如二爻、三爻及四爻為一組，三爻、四爻及五爻為另一組，這兩種不是由上、下卦所形成之經卦，其曰「互體」。屈萬里〈先秦漢魏易例述評〉中於「虞氏互體」曰：「互體之說，濫觴於《左傳》，而成於京房。其說初不過以二至四爻，三至五爻各互一三畫之卦耳。鄭玄以後，已漸繁賾。下逮虞翻，類例滋紛。既以二至四爻三至五爻互三畫之卦二。」〔註1〕故知「互體說」於《左傳》已有所用，成於京房，又李周龍〈虞翻易說探原〉〔註2〕考證「互體說」早在《周

〔註1〕 屈萬里撰：《先秦漢魏易例述評》（臺北：聯經出版事業公司，1984年），卷下，頁127。
〔註2〕 李周龍：「泰卦䷊六五爻辭：『帝乙歸妹，以祉元吉。』這一段文字，一般注

易》已有，但此屬孤證，因此本文不取其說。

（一）思想源流

1.《左傳》

春秋時期於《左傳》中記載「互體」之筮例。《左傳・莊公二十二年》陳侯令周史行占，筮遇觀（☲☷）之否（☰☷），周史之釋中有曰：

> 陳厲公，蔡出也。故蔡人殺五父而立之，生敬仲。其少也。周史有以《周易》見陳侯者，陳侯使筮之，遇《觀》之《否》，曰：「是謂『觀國之光，利用賓于王。』此其代陳有國乎？不在此，其在異國；非此其身，在其子孫。光，遠而自他有耀者也。《坤》，土也。《巽》，風也。《乾》，天也。風為天於土上，山也。有山之材，而照之以天光，於是乎居土上，故曰『觀國之光，利用賓于王。』庭實旅百，奉之以玉帛，天地之美具焉。故曰：『利用賓于王。』猶有觀焉，故曰其在後乎！風行而著于土，故曰其在異國乎！若在異國，必姜姓也。姜，大嶽之後也。山嶽則配天。物莫能兩大。陳衰，此其昌乎！」
>
> 及陳之初亡也，陳桓子始大於齊。其後亡也，成子得政。〔註3〕

「風為天於土上，山也。」文下杜預注曰：「自二至四，有艮象，艮為山。」〔註4〕觀卦下卦坤，上卦為巽，經四爻由陰爻變動成為陽爻而成否卦，否卦下卦為坤，上卦為乾。巽之象為風，乾之象為天，坤之象為地、土，艮之象

解只道出所以『以祉元吉』的原因，卻沒有說明『帝乙歸妹』之由來。例如：宋人朱熹的《周易本義》只說：『以陰居尊，為泰之主。柔中虛己，下應九二，吉之道也。而帝乙歸妹之時，亦嘗占得此爻。占者如是，則有祉而元吉矣。』這樣的解釋，當然不能令人滿意。殊不知泰卦二四爻互體成兌☱，三至五爻互體成震☳：下兌上震，這就變成了歸妹卦☳，所以說：『帝乙歸妹。』古時候女子出嫁曰歸，少女曰妹。帝乙就是殷高宗。歸妹卦的內卦是兌，外卦是震。震為長男、為動、兌是少女、為悅（並見《說卦傳》），這就象徵長男在外的一舉一動，都獲得少女的喜悅，所以一心一意想要嫁給他。《說卦傳》又說：『帝出乎震。』所以震又可以象徵著帝，而兌在先天八卦的次序裏排第二（乾一、兌二、離三、震四、巽五、坎六、艮七、坤八），所以又有『帝乙』之象。如果不從二至五互體成六畫卦去瞭解，泰卦六五的這一段爻辭，意怎麼能解說的清楚呢？」李周龍撰：〈虞翻易說探原〉，《孔孟學報》第56期（1988年9月），頁114。

〔註3〕〔周〕左丘明撰；〔晉〕杜預注；〔唐〕孔穎達疏：《左傳》（臺北：藝文印書館《十三經注疏》，2001年），卷9，頁163～165。

〔註4〕同註3，卷9，頁164。

為山，而觀卦變成否卦是上卦巽風變為乾天，故曰「風為天」，而於下卦中觀卦與否卦皆為坤，故言「風為天於土上」，然而「山」係指否卦下卦於坤土之上，二爻、三爻至四爻互體而成之「艮」山，或觀卦三爻、四爻及五爻亦可互體為艮。否卦下卦為坤，上卦為乾，乾為君，坤為臣，有臣下朝見君王之象，又乾為玉、為金，坤為布、為眾，於臣子朝見君王之際，以天地珍美之物上陳，故曰「庭實旅百，奉之以玉帛，天地之美具焉」，周史又筮占曰陳敬仲之後代必有觀望可看者，曰「猶有觀焉，故曰其在後乎」，「風行而著于土，故曰其在異國乎！若在異國，必姜姓也」風於土上吹動，動於異國則陳氏之後大有展望，又艮為山，姜姓是大嶽之後，故推測陳敬仲後代將於姜姓之齊國得志。由此可知，從「遇觀之否」中已開始運用「互體」來解釋其意。

2. 京 房

真正將「互體」用以詮釋《周易》經傳，則盛行於漢代，京房《京氏易傳》卷中歸妹卦（䷵）下曰：

> 互見離、坎。〔註5〕

此指歸妹卦中二爻、三爻及四爻互體之離，及三爻、四爻及五爻互體之坎。又荀爽於詮釋《周易》時也常用「互體」來說明，如恆卦（䷟）九三爻辭注曰：

> 與五為兌。〔註6〕

闡明恆卦中三爻、四爻及五爻為互體之兌。鄭玄言《易》也用「互體」闡釋之，同恆卦（䷟）九三爻辭注曰：

> 互體為乾，乾有剛健之德，體在巽，巽為進退，是不恆其德也，又
> 互體為兌。〔註7〕

前一互體為二爻、三爻及四爻，後一互體為三爻、四爻及五爻。由上可知，「互體」於春秋時期已有其用，直至漢代更以此為解釋《周易》經傳之法。

〔註5〕 〔漢〕京房撰；〔吳〕陸績注；〔明〕范欽訂：《京氏易傳》（臺北：臺灣商務印書館《四部叢刊》初編經部影印上海商務印書館縮印天一閣刊本，1976 年），卷中，頁 26。

〔註6〕 〔唐〕李鼎祚輯：《周易集解》（臺北：臺灣商務印書館，2004 年），頁 165。

〔註7〕 〔漢〕鄭玄注；〔宋〕王應麟輯；〔清〕丁杰等校訂：《周易鄭注》（臺北：新文豐出版社《叢書集成新編》，1985 年），卷 4，頁 629。

（二）虞翻之互體說

1. 二三四爻之互體

　　將互體建立於二三四爻上而成三爻卦之八卦，如解卦《大象傳》「雷雨作，解；君子以赦過宥罪。」注曰：

> 「君子」謂三伏陽，出成大過，坎爲罪，入則大過象壞，故「以赦過」。二、四失位，皆在坎獄中，三出體乾，兩坎不見，震喜兌説，罪人皆出，故「以宥罪」。謂三入則「赦過」，出則「宥罪」。公用射隼，以解悖，是其義也。〔註8〕

解卦二、四兩爻爲陽爻，曰失位，且處坎中，故三爻由陰而陽則二三四爻互體成乾，坎象不見，虞翻於注文中以二三四互體成乾之例者，包含上文共有十七例。〔註9〕然坤卦互體之象，如屯卦《象傳》「雷雨之動滿盈。」注曰：

> 震雷，坎雨，坤爲形也。謂三已反正，成既濟，坎水流坤，故「滿形〔註10〕」。謂雷動雨施，品物流形也。〔註11〕

屯卦下卦爲震，震爲雷，上卦爲坎，坎爲雨，而二三四爻互體爲坤，三爻變而爲正則成既濟卦，二三四爻由坤變爲坎，故曰「坎水流坤」，以二三四爻互體爲坤者總有六十四例。〔註12〕而震卦互體之象，如蒙卦卦辭「亨」注曰：

〔註8〕　《周易集解》，頁196。
〔註9〕　乾象二三四爻互體之例，虞翻在《周易集解》注解中有：大過卦九二爻注曰：「『乾』爲老」，頁146；大壯卦初九爻《小象傳》注曰：「應在『乾』終」，頁171；解卦上六爻注曰：「動出成『乾』」，頁198；解卦上六爻《小象傳》注曰：「三出成『乾』而坎象壞」，頁199；鼎卦九三爻注曰：「而革在『乾』……三動虧『乾』而失位」，頁248；鼎卦六五爻注曰：「『乾』爲金」，頁249；鼎卦上九爻注曰：「『乾』爲玉鉉」，頁249；《繫辭上傳》注曰：「三動成『乾』爲野」，頁332；《繫辭下傳》注曰：「賢人也，謂『乾』；三伏陽，出而成『乾』……動出成『乾』」，頁374；《繫辭下傳》注曰：「四在『乾』位，……，『乾』爲大謀，四在『乾』體，……『乾』爲仁」，頁377～378。
〔註10〕　孫堂作「滿形」，《周易集解》作「滿盈」，但依「坤爲形」及「坎水流坤」及後文「品物流形」，皆以「形」爲文，故此處當作「滿形」。〔清〕孫堂撰：《虞翻周易注》（臺北：成文出版社《求無備齋易經集解》，1976年），頁481
〔註11〕　同註8，頁38。
〔註12〕　坤象二三四爻互體之例，虞翻在《周易集解》注解中有：屯卦《象傳》注曰：「『坤』冥爲昧」，頁40；屯卦六二爻注曰：「今失位爲『坤』，……『坤』數十」，頁40；屯卦六三爻注曰：「『坤』爲兕、虎」，頁40；无妄卦《象傳》注曰：「成『坤』」，頁134；无妄卦六二爻注曰：「則『坤』體成」，頁135；无妄卦六三爻注曰：「『坤』爲牛，……，『坤』爲邑人」，頁136；无妄卦六三爻《小象傳》注曰：「『坤』爲死喪」，頁136；恆卦六五爻注曰：「死於『坤』中」，

艮三之二。「亨」謂二，震剛柔接，故亨。「蒙亨」，以通行，時中也。

〔註13〕

蒙卦所來為艮卦，艮卦三爻來至二爻而成蒙，亨所指為二爻，二三四爻互體為震，三爻之震為剛柔相接故亨，以二三四爻互體為震總有七十五例。〔註14〕

頁 166：晉卦卦辭注曰：「『坤』為康」，頁 173；家人卦六四爻《小象傳》注曰：「『坤』為大業」，頁 185；家人卦上九爻注曰：「自上之『坤』」，頁 186；蹇卦六二爻注曰：「之應涉『坤』……，折『坤』之體」，頁 193；損卦《象傳》注曰：「『坤』為柔」，頁 201；損卦上九爻注曰：「『坤』為臣」，頁 203；益卦《象傳》注曰：「『坤』為无疆」，頁 204；益卦《象傳》注曰：「『坤』為无疆」，頁 205；益卦六二爻注曰：「『坤』數十」，頁 206；益卦六三爻注曰：「『坤』為事」，頁 207；益卦六四爻注曰：「『坤』為邦，……，三動『坤』從」，頁 207；漸卦《象傳》注曰：「三動成『坤』為邦」，頁 259；漸卦九三爻注曰：「三動之『坤』，……，坎陽死『坤』中，……，三動成『坤』，……，『坤』為用，……，三動『坤』順」，頁 261；漸卦九三爻《小象傳》注曰：「『坤』三爻為醜，……三動『坤』順」，頁 261；漸卦上九爻注曰：「變而成『坤』，……，『坤』為亂」，頁 263；漸卦上九爻《小象傳》注曰：「『坤』為亂，上來正『坤』」，頁 263；巽卦《大象傳》注曰：「『坤』為事」，頁 279；巽卦上九爻注曰：「離毀入『坤』，『坤』為喪」，頁 281；兌卦《象傳》注曰：「『坤』為順也。……，『坤』為民，……。或以『坤』為死也」，頁 282～283；節卦初九爻《小象傳》注曰：「二變『坤』土壅初塞」，頁 292；節卦九二爻注曰：「變而之『坤』」，頁 292；節卦六四爻注曰：「艮止、『坤』安」，頁 293；中孚卦《象傳》注曰：「二化應五成『坤』，『坤』為邦」，頁 295；節卦《大象傳》注曰：「『坤』為死」，頁 295；中孚卦九二爻注曰：「二動成『坤』，……『坤』為身，……，『坤』為邦國」，頁 297；《繫辭上傳》注曰：「『坤』數十，……通謂『坤』，『坤』為順」，則『坤』違之而承於五，……，『坤』為身、為民也。震為行，『坤』為遁」，頁 327；《繫辭上傳》注曰：「成『坤』，『坤』為事，……，二動『坤』為密」，頁 331；《說卦傳》注曰：「『坤』為廣，……，成『坤』，『坤』為近」，頁 423。

〔註13〕《周易集解》，頁 42。

〔註14〕震象二三四爻互體之例，虞翻在《周易集解》注解中有：蒙卦卦辭注曰：「『震』為動起」，頁 43；蒙卦《大象傳》注曰：「『震』為出」，頁 44；蒙卦《大象傳》注曰：「『震』為行」，頁 45；蒙卦初六爻注曰：「『震』足」，頁 45；蒙卦九二爻注曰：「『震』剛為夫，……震』為長子」，頁 45；蒙卦六三爻注曰：「『震』為夫」，頁 45；訟卦初六爻注曰：「成『震』言」，頁 53；師卦六五爻注曰：「『震』為言」，頁 59；師卦六五爻注曰：「『震』為長子」，頁 59；比卦九五爻注曰：「師『震』為人」，頁 64；同人《象傳》注曰：「師『震』為人，……，師『震』為夫」，頁 85；同人卦九三爻注曰：「『震』為草莽，……，師『震』為陵」，頁 86；同人卦九五爻注曰：「師『震』在下，……『震』為後笑也」，頁 87；謙卦上六爻注曰：「『震』為行」，頁 95；臨卦《大象傳》注曰：「『震』為言」，頁 110；觀卦《象傳》注曰：「臨『震』、兌為春、秋」，頁 113；觀卦六三爻《小象傳》注曰：「臨『震』為生，……臨『震』進之五」，頁 114；觀卦九五爻注曰：「『震』，生象」，頁 115；觀卦上九爻注曰：「三體臨『震』」，頁 115；

艮卦互體之象，如坤卦六四「括囊、无咎、无譽。」注曰：

> 「括」結也，謂泰反成否，坤爲囊，艮爲手，巽爲繩，故「括囊」。
> ……〔註15〕

坤卦六爻皆爲陰，陽升至三爻成泰卦，泰卦天地相交而亨通，然陽爻若至四爻則失其亨通之象，泰卦反象而成否卦，否卦二三四爻互體爲艮，艮爲手，以二三四爻互體爲艮者總有五十八例。〔註16〕離卦互體之象，如訟卦上九爻

坎卦卦辭注曰：「二體『震』爲行」，頁149；坎卦《象傳》注曰：「『震』爲行……『震』爲守」，頁149～150；坎卦《大象傳》注曰：「『震』爲行」，頁150；坎卦六四爻注曰：「『震』主祭器，……，『震』饋在中……，『震』爲足」，頁151～152；離卦《象傳》注曰：「『震』爲百穀」，頁154；離卦《大象傳》注曰：「『震』東兌西」，頁155；離卦六五爻注曰：「『震』爲聲」，頁156；離卦上九爻注曰：「『震』爲出」，頁156；睽卦《象傳》注曰：「四動萬物出乎『震』」，頁187；睽卦初九爻注曰：「『震』爲逐，……四動『震』馬來」，頁188；睽卦九四爻《小象傳》注曰：「坎動成『震』」，頁190；睽卦上九爻注曰：「四動『震』爲後」，頁190；解卦初六爻注曰：「體『震』得正」，頁197；損卦九二爻注曰：「『震』爲征」，頁201；困卦九五爻注曰：「『震』爲足」，頁232；革卦《象傳》注曰：「『震』春、兌秋」，頁241；渙卦《大象傳》注曰：「『震』爲帝、爲祭」，頁288；渙卦九二爻注曰：「『震』爲奔，……，『震』爲足」，頁288；渙卦六四爻注曰：「夷謂『震』」，頁289；節卦《象傳》注曰：「『震』爲行，……，『震』春」，頁291；節卦《大象傳》注曰：「『震』爲議、爲行」，頁292；節卦初九爻注曰：「『震』爲出」，頁292；節卦《大象傳》注曰：「『震』爲議、爲緩，……『震』喜」，頁295；中孚卦九二爻注曰：「『震』爲鳴」，頁297；中孚卦六四爻注曰：「『震』東，……，『震』爲奔走」，頁297；中孚卦上九爻注曰：「應在『震』，『震』爲音」，頁297；未濟卦九四爻注曰：「變之『震』」，頁309；《繫辭上傳》注曰：「乾以二、五摩坤成『震』、坎、艮」，頁312；《繫辭上傳》注曰：「『震』爲出、爲語，……，師『震』爲夫……，『震』爲言」，頁328；《繫辭上傳》注曰：「乾二、五之坤成『震』，有師象，『震』爲行，……乾二、五之坤成『震』、巽，巽爲命，『震』爲嚮」，頁341；《繫辭上傳》注曰：「乾二、五之坤成坎、離、『震』、兌，『震』春兌秋，……，則生『震』、坎、艮；……『震』、巽生秋」，頁349；《繫辭下傳》注曰：「兌口、『震』言，……，坎有『震』、艮」，頁398～399。

〔註15〕《周易集解》，頁30。

〔註16〕艮象二三四爻互體之例，虞翻在《周易集解》注解中有：小畜卦九五爻注曰：「豫『艮』爲手」，頁68；泰卦初九爻注曰：「『艮』爲手」，頁77；泰卦上六爻注曰：「否『艮』爲城，……，『艮』城不見」，頁79；否卦《大象傳》注曰：「『艮』爲山」，頁81；豫卦六二爻注曰：「與四爲『艮』，『艮』爲石」，頁98；豫卦上六爻注曰：「體『艮』成」，頁99；隨卦六三爻注曰：「『艮』爲居，爲求」，頁103；隨卦上六爻注曰：「應在『艮』，『艮』手爲拘，……，『艮』爲山」，頁104；噬嗑卦卦辭注曰：「『艮』爲手」，頁115；无妄卦《大象傳》注曰：「『艮』爲對時」，頁135；无妄卦六二爻注曰：「『艮』爲手」，頁135；晉

「終朝三褫之」注曰：

> 位終乾上，二變時，坤爲終。離爲日，乾爲甲，日出甲上，故稱
>
> 「朝」。……〔註17〕

訟卦上爻終於乾，二爻變動由陽變陰，下卦成坤，坤爲終，訟卦二三四爻互體而成離，於月體納甲說中，乾卦代表每月十五日，納天干中之甲，離象徵爲日，乾象喻爲甲，故曰「日出甲上」，以二三四爻互體爲離總有三十一例。〔註18〕坎卦互體之象，如大畜卦《象傳》「大畜，剛健篤實，輝光日新。」注

> 卦卦辭注曰：「『艮』爲多」，頁173；晉卦六二爻注曰：「『艮』爲手」，頁175；睽卦《象傳》注曰：「『艮』爲居」，頁187；睽卦九二爻注曰：「『艮』爲徑路」，頁188；睽卦六五爻注曰：「『艮』爲膚」，頁190；解卦九二爻注曰：「『艮』爲狐」，頁197；解卦六三爻注曰：「『艮』爲背」，頁197；解卦六三爻《小象傳》注曰：「『艮』手招盜」，頁198；解卦九四爻注曰：「『艮』爲指」，頁198；萃卦卦辭注曰：「『艮』爲廟」，頁221；萃卦《大象傳》注曰：「『艮』爲石」，頁222；萃卦初六爻注曰：「『艮』爲手」，頁223；萃卦六二爻注曰：「『艮』爲手」，頁223；困卦六三爻注曰：「三在『艮』山下，……，『艮』手據坎，……，二動『艮』爲宮」，頁231；震卦《象傳》注曰：「『艮』爲宗廟社稷」，頁251；震卦六二爻注曰：「在『艮』山下」，頁252；豐卦六二爻注曰：「『艮』爲斗，……，噬嗑『艮』爲星、爲止」，頁270；豐卦九三爻注曰：「『艮』爲沫，……，噬嗑『艮』爲胘，……，折『艮』入兌」，頁271；小過卦《大象傳》注曰：「『艮』爲鼻」，頁299；小過卦上六爻注曰：「鳥下入『艮』手而死」，頁302；未濟卦卦辭注曰：「否『艮』爲小狐」，頁306；未濟卦《大象傳》注曰：「『艮』爲慎，……，『艮』爲居」，頁308；未濟卦上九爻《小象傳》注曰：「『艮』爲節」，頁310；《繫辭上傳》注曰：「『艮』手招盜」，頁333；《繫辭下傳》注曰：「『艮』爲手，……『艮』爲小木，……，『艮』手持耒」，頁364；《繫辭下傳》注曰：「『艮』爲背」，頁366；《繫辭下傳》注曰：「『艮』爲小木，……，『艮』手持木」，頁366；《繫辭下傳》注曰：「『艮』爲小木，五之二以金剋『艮』」頁367；《繫辭下傳》注曰：「『艮』爲穴居，……『艮』爲宮室，……『艮』爲待」，頁367；《繫辭下傳》注曰：「『艮』爲小」，頁375。

〔註17〕《周易集解》，頁55。

〔註18〕離象二三四爻互體之例，虞翻在《周易集解》注解中有：履卦六三爻注曰：「『離』目不正」，頁71；蠱卦《象傳》注曰：「變三至四體『離』」，頁106；解卦卦辭注曰：「『離』爲日」，頁195；解卦九二爻注曰：「『離』爲黃矢」頁197；解卦上六爻注曰：「『離』爲隼」，頁198；姤卦初六爻注曰：「『離』爲見」，頁218；萃卦《大象傳》注曰：「『離』爲戎兵」，頁222；困卦六三爻注曰：「『離』象毀壞」，頁231；困卦九五爻注曰：「『離』爲兵」，頁232；鼎卦《象傳》注曰：「動成坎、『離』」，頁246；鼎卦九三爻注曰：「『離』爲雉，……，『離』象不見」，頁248；歸妹卦卦辭注曰：「坎月『離』日俱」，頁263；歸妹《象傳》注曰：「以『離』日坎月戰陰陽，……，『離』南坎北，……，天地以『離』坎交陰陽」，頁264；歸妹卦九四爻注曰：「坎月『離』日爲期，……『離』夏」，頁266；歸妹卦六五爻注曰：「『離』日」，頁267；歸妹卦上六爻注曰：「『離』

曰：

> 「剛健」謂乾，「篤實」謂艮；二已之五，利涉大川；互體離、坎，
>
> 離爲日，故「輝光日新」也。〔註19〕

大畜卦下卦爲乾，乾爲剛健，上卦爲艮，艮爲篤實，二爻至五爻之位而成家
人卦，家人卦二至五爻有兩個互體之象，二三四爻互體爲坎，三四五爻互體
爲離，因此稱「互體離、坎」，虞翻於注文中直接道出「互體」之名，以二
三四爻互體爲坎者總有八十四例。〔註20〕而兌卦互體之象，如小畜卦《彖傳》

爲刀」，頁267；兌卦上六爻《小象傳》注曰：「上、三未爲『離』」，頁285；
中孚卦卦辭注曰：「體『離』爲鶴」，頁294；中孚卦九二爻注曰：「訟『離』
爲鶴，……『離』爲爵」，頁297；中孚卦六四爻注曰：「『離』爲日」，頁297；
《繫辭上傳》注曰：「以『離』戈兵」，頁332；《繫辭下傳》注曰：「『離』爲
罟」，頁368；《繫辭下傳》注曰：「『離』爲隼，……『離』爲矢，……，乾五
之坤二成坎弓、『離』矢」，頁373～374。

〔註19〕《周易集解》，頁137。

〔註20〕坎象二三四爻互體之例，虞翻在《周易集解》注解中有：乾卦《彖傳》注曰：
「下『坎』爲雨」，頁4；屯卦六三爻注曰：「三變體『坎』」，頁40；屯卦六
四爻注曰：「『坎』爲馬」，頁41；需卦《彖傳》注曰：「變而涉『坎』，『坎』
爲大川」，頁48；小畜上九爻注曰：「三體『坎』雨」，頁68；履卦《彖傳》
注曰：「『坎』爲疾病」，頁70；履卦《大象傳》注曰：「『坎』爲志」，頁70；
泰卦九二爻注曰：「體『坎』；『坎』爲大川」，頁77；泰卦九三爻注曰：「在『坎』
中，……『坎』爲憂」，頁78；同人卦《彖傳》注曰：「四變成『坎』；『坎』
爲通，爲志」，頁85；謙卦《彖傳》注曰：「『坎』動而潤下，……『坎』水就
下」，頁92～83；謙卦《大象傳》注曰：「『坎』爲平」，頁93；蠱卦卦辭注曰：
「動而之『坎』也」，頁105；賁卦《彖傳》注曰：「離日『坎』月」，頁120；
賁卦《大象傳》注曰：「『坎』爲獄」，頁121；賁卦初九爻注曰：「『坎』爲車」，
頁121；復卦《彖傳》注曰：「『坎』爲心」，頁131；大畜卦《大象傳》注曰：
「『坎』爲識」，頁138；大畜卦初九爻《小象傳》注曰：「四體『坎』」，頁138；
大畜卦九三爻注曰：「三在『坎』中」，頁139；大畜卦六五爻注曰：「『坎』爲
豕」，頁140；頤卦六四爻注曰：「屯四乘『坎』馬同義」，頁144；遯卦初六
爻《小象傳》注曰：「之應成『坎』爲災」，頁168；遯卦六二爻注曰：「則『坎』
水濡皮」，頁168；遯卦九三爻注曰：「時九三體『坎』，『坎』爲疾」，頁168；
明夷卦《彖傳》注曰：「三幽『坎』中」，頁178；蹇卦六二爻注曰：「『坎』爲
蹇也」，頁193；損卦六三爻《小象傳》注曰：「『坎』爲疑，上益三成『坎』」，
頁202；益卦卦辭注曰：「二利往『坎』應五……，動成『坎』」，頁204；益
卦六三爻注曰：「三動體『坎』」，頁207；益卦六四爻《小象傳》注曰：「『坎』
爲志」，頁207；艮卦卦辭注曰：「『坎』爲隱伏，爲思」，頁255；艮卦《大象
傳》注曰：「『坎』爲隱伏，爲思」，頁255；艮卦六二爻注曰：「『坎』爲心」，
頁256；艮卦六二爻《小象傳》注曰：「『坎』爲耳」，頁256；艮卦九三爻注
曰：「『坎』爲要，……，『坎』爲脊，……『坎』爲心……，『坎』盜動門」，
頁256；艮卦九三爻《小象傳》注曰：「『坎』爲心，『坎』盜動門」，頁256；

「『密雲不雨』，尚往也。」注曰：

　　「密」小也，兌爲密。需坎升天爲雲，墜地爲雨；上變爲陽，坎象

　　半見，故「密雲不雨」，上往也。〔註21〕

小畜卦二三四爻互體爲兌，兌爲密，小畜卦係由需卦上爻由陰變陽而至，需卦上卦爲坎，坎爲水，升天成雲、墜地成雨，需卦上爻之變而坎象半見，雲雨之象不見，曰「密雲不雨」，而二三四爻互體成兌總有二十例。〔註22〕而巽卦互體之象，如師卦上六爻「大君有命，開國承家，小人勿用」注曰：

　　同人乾爲大君，巽爲有命。……〔註23〕

艮卦六五爻注曰：「在『坎』車上」，頁257；漸卦《象傳》注曰：「動震成『坎』，『坎』爲通」，頁260；漸卦初六爻注曰：「『坎』水流下山」，頁260；漸卦六二爻注曰：「『坎』爲聚，……，『坎』水陽物」，頁260；漸卦九三爻注曰：「『坎』水爲平，……，『坎』陽死坤中，『坎』象不見，……，『坎』爲寇，……，『坎』象不見」，頁261；漸卦九三爻《小象傳》注曰：「『坎』象不見」；頁261；漸卦六四爻注曰：「『坎』爲脊」，頁262；漸卦九五爻注曰：「『坎』爲歲，……，『坎』爲心」，頁262；漸卦上九爻注曰：「三『坎』爲平」，頁263；豐卦上六爻注曰：「三隱伏『坎』中」，頁273；旅卦《大象傳》注曰：「『坎』爲獄」，頁275；旅卦初六爻注曰：「之正介『坎』，『坎』爲災眚」，頁275；旅卦上九爻《小象傳》注曰：「『坎』耳入兌」，頁277；巽卦《象傳》注曰：「動成『坎』，『坎』爲志」，頁278；巽卦九三爻注曰：「三體『坎』、艮，『坎』爲憂」，頁280；巽卦六四爻注曰：「『坎』爲豕」，頁280；兌卦《大象傳》注曰：「『坎』爲習」，頁283；兌卦初六爻《小象傳》注曰：「『坎』爲疑」頁283；節卦六三爻注曰：「三動得正而體離、『坎』」，頁293；中孚卦卦辭注曰：「涉『坎』得正」，頁294；既濟卦九三爻《小象傳》注曰：「『坎』爲勞」，頁305；《繫辭上傳》注曰：「『坎』爲勞……『坎』爲勞」，頁329～330；《雜卦傳》注曰：「三出『坎』爲聖」，頁445。

〔註21〕《周易集解》，頁66。

〔註22〕兌象二三四爻互體之例，虞翻在《周易集解》注解中有：需卦《大象傳》注曰：「兌口」，頁48；小畜卦《象傳》注曰：「『兌』爲西」，頁66；小畜卦上九爻注曰：「『兌』西震東」，頁68；泰卦《大象傳》注曰：「『兌』爲右」，頁76；泰卦九二爻注曰：「『兌』爲朋」，頁77；泰卦六四爻注曰：「『兌』西震東」，頁78；泰卦六五爻注曰：「『兌』妹」，頁79；泰卦上六爻注曰：「『兌』爲口」，頁80；豫卦《象傳》注曰：「至四『兌』爲秋」，頁97；豫卦《象傳》注曰：「『兌』爲刑；……；坎、『兌』體正」，頁97；豫卦九四爻注曰：「小畜『兌』爲朋」，頁99；蠱卦六四爻注曰：「『兌』爲見」，頁107；大壯卦六五爻注曰：「『兌』還屬乾」，頁172；姤卦九五爻注曰：「初之四體『兌』口」，頁220；升卦《象傳》注曰：「震『兌』爲春秋」，頁226；井卦卦辭注曰：「體『兌』毀缺」，頁236；井卦《象傳》注曰：「『兌』口飲水」，頁236；既濟卦九五爻注曰：「『兌』動二」，頁305。

〔註23〕《周易集解》，頁60。

師卦旁通爲同人卦，同人卦上卦爲乾，乾爲大君，二三四爻互體爲巽，巽爲有命，而二三四爻互體成巽總有五十三例。〔註24〕

2. 三四五爻之互體

以三四五爻爲互體者，如同人卦九三爻「伏戎于莽，升其高陵，三歲不興。」注曰：

> ……爻在三，乾爲歲，「興」，起也，動而〔註25〕失位，故「三歲不
> 興」也。〔註26〕

同人卦以三爻爲始，與上之四爻、五爻互體爲乾，乾爲歲，三爻爲陽，動而失位，故以不動、不興爲佳，而以三四五爻互體爲乾總有二十三例。〔註27〕

〔註24〕巽象二三四爻互體之例，虞翻在《周易集解》注解中有：同人《象傳》注曰：
「『巽』爲同，……，『巽』爲婦」，頁85；同人卦九三爻注曰：「『巽』爲伏，……
『巽』爲高，……，以『巽』股升其高陵」，頁86～87；同人卦九四爻注曰：「『巽』
爲庸，四在『巽』上」，頁87；同人卦九五爻注曰：「『巽』爲號咷」，頁87；
大有卦《大象傳》注曰：「『巽』爲命」，頁89；咸卦九三爻注曰：「『巽』爲股，
謂二也；『巽』爲隨，……『巽』爲處女也」，頁161；遯卦卦辭注曰：「『巽』
爲入」，頁166；遯卦六二爻注曰：「『巽』爲繩」，頁168；夬卦卦辭注曰：「動
體『巽』，『巽』爲號」，頁211；夬卦九二爻注曰：「變成『巽』」，頁213；夬卦
九四爻注曰：「二變『巽』爲繩」，頁215；革卦《象傳》注曰：「『巽』爲命也」，
頁241；革卦九四爻注曰：「『巽』爲命，四動五坎改『巽』」，頁243；豐卦六
二爻注曰：「『巽』爲高舞」，頁270；豐卦九四爻注曰：「上之三爲『巽』，『巽』
爲入」，頁272；旅卦九四爻注曰：「『巽』爲處」，頁276；旅卦六五爻注曰：「『巽』
爲命」，頁277；旅卦上九爻注曰：「『巽』爲木、爲高，……應在『巽』，『巽』
爲號咷，『巽』象號咷，『巽』象在後」，頁277；小過卦六二爻《小象傳》注曰：
「止舍『巽』下」，頁300；小過卦六五爻注曰：「『巽』繩連鳥」，頁302；《繫
辭上傳》注曰：「坤以二、五摩乾成『巽』、離、兌」，頁312；《繫辭上傳》注
曰：「『巽』爲處，……，『巽』爲婦，坎爲心，『巽』爲同，……『巽』爲利，……，
『巽』爲蘭」，頁328；《繫辭上傳》注曰：「乾二、五之坤成震、『巽』，『巽』
爲命」，頁341；《繫辭上傳》注曰：「坤二、五之乾則生『巽』、離、兌，……，
震、『巽』生秋」，頁349；《繫辭下傳》注曰：「『巽』爲繩，……，『巽』爲魚」，
頁364；《繫辭下傳》注曰：「震出『巽』入」，頁366；《繫辭下傳》注曰：「『巽』
高、兌下」，頁397；《繫辭下傳》注曰：「離有『巽』、兌」，頁399；《說卦傳》
注曰：「『巽』繩貫甲而在首上，……『巽』木在離中，體大過死，『巽』蟲食
心則折也，……或以離火燒『巽』」，頁426～427。

〔註25〕《周易集解》本爲「動不失位」，張惠言《張惠言學十書・周易虞氏義》云：
「不」字，「當爲而」，其說是也。〔清〕張惠言撰：《張惠言易學十書》（臺北：
廣文書局，1977年），頁72。

〔註26〕《周易集解》，頁87。

〔註27〕乾象三四五爻互體之例，虞翻在《周易集解》注解中有：大過卦九五爻《小

坤卦互體之象，如蒙卦初六爻「發蒙，利用刑人，用說桎梏，以往吝。」注曰：

> 「發蒙」之正。初爲蒙始，而失其位，發蒙之正以成兌。兌爲刑人，
> 坤爲用，故曰「利用刑人」矣。……〔註28〕

蒙卦初爻失其位，之正而下卦成兌，兌爲刑人，三四五爻互體而成坤，坤爲用，曰「利用刑人」，以三四五爻互體爲坤總有二十四例。〔註29〕震卦互體之象，如坤卦六三「含章，可貞；或從王事，无成有終。」注曰：

> 「貞」正也，以陰包陽，故「含章」；三失位，發得正，故「可貞」
> 也。謂三已發，成泰，乾爲王，坤爲事，震爲從，故「或從王事」……
> 〔註30〕

眞即正，三爻爲陰，陰下伏陽，如陰包陽，曰「含章」，六三失位，故動而得正，以十二消息卦立說，六三由陰而陽，是從初爻、二爻動至三爻，初爻至

《象傳》注曰：「『乾』爲久」，頁147；大過卦上六爻注曰：「『乾』爲頂」，頁148；咸卦《象傳》注曰：「『乾』爲聖人」，頁160；恆卦六五爻注曰：「動正成『乾』，……震，『乾』之子而爲巽夫」，頁166；革卦《象傳》注曰：「大亨謂『乾』；……謂五位成『乾』爲天，……湯武謂『乾』，『乾』爲聖人」，頁241；革卦九四爻注曰：「四『乾』爲君」，頁243；革卦九五爻注曰：「『乾』爲大人」，頁243；革卦上六爻《小象傳》注曰：「『乾』君」，頁244；豐卦卦辭注曰：「動之正成『乾』」，頁268；豐卦《象傳》注曰：「五動成『乾』，『乾』爲天」，……，盈于『乾』甲：五動成『乾』，……五息成『乾』爲盈，……，『乾』爲神人」，頁269；豐卦六五爻《小象傳》注曰：「動而成『乾』，『乾』爲慶」，頁272；小過卦六五爻注曰：「五動『乾』爲郊」，頁301。

〔註28〕《周易集解》，頁45。

〔註29〕坤象三四五爻互體之例，虞翻在《周易集解》注解中有：蒙卦九二爻注曰：「『坤』爲包」，頁45；蒙卦六三爻注曰：「『坤』身稱躬」，頁46；睽卦《象傳》注曰：「四動『坤』爲地，……『坤』爲事，爲類」，頁187～188；睽卦初九爻《小象傳》注曰：「動入『坤』」，頁188；睽卦六三爻注曰：「『坤』爲牛，爲類」，頁189；睽卦上九爻注曰：「『坤』爲土；……『坤』爲鬼，……，『坤』爲器」，頁190；解卦六三爻《小象傳》注曰：「臨『坤』爲醜也；『坤』爲自我」，頁799；損卦《大象傳》注曰：「初上據『坤』」，頁201；損卦初九爻注曰：「『坤』爲事」，頁201；損卦六三爻注曰：「據『坤』應兌」，頁202；損卦六五爻注曰：「『坤』數十」，頁203；革卦《象傳》注曰：「蒙『坤』爲地」，頁241；革卦九五爻注曰：「蒙『坤』爲虎變，《傳》論湯武以『坤』臣爲君」，頁243；鼎卦九三爻注曰：「三動成『坤』，『坤』爲方」，頁248；震卦六三爻注曰：「三死『坤』中」，頁252；未濟卦九四爻注曰：「『坤』爲鬼方，……『坤』爲年、爲大邦」，頁309。

〔註30〕同註28，頁29～30。

三爻皆動而爲陽，而成泰卦，泰卦下卦爲乾，上卦爲坤，三至五爻互體爲震，乾爲王，坤爲事，震爲從，曰「或從王事」。以三四五爻互體爲震總有五十四例。〔註31〕艮卦互體之象，如坤卦《文言傳》「君子黃中通理，正位居體，美在其中，而暢於四支。」注曰：

> 謂五，坤息體觀，地色黃，坤爲理，以乾通坤，故稱「通理」。五正陽位，故曰「正位」。艮爲居，「體」謂四支也，艮爲兩肱，巽爲兩股，故曰「黃中通理，正位居體」。陽稱美，在五中；「四支」謂股肱。〔註32〕*

十二消息卦中，虞翻以「坤」來取代「陰」，坤卦五爻之前，陰息至四爻而

〔註31〕震象三四五爻互體之例，虞翻在《周易集解》注解中有：坤卦《文言傳》注曰：「萬物出『震』」，頁35；履卦卦辭注曰：「乾、兌乘謙『震』足」，頁69；履卦《象傳》注曰：「謙『震』爲帝」，頁70；泰卦《大象傳》注曰：「『震』爲左」，頁76；泰卦初九爻注曰：「『震』爲征」，頁77；泰卦九二爻注曰：「『震』爲足，……『震』爲行」，頁77～78；泰卦六四爻注曰：「兌西『震』東」，頁78；泰卦六五爻注曰：「『震』爲帝，……『震』爲兄」，頁79；泰卦上六爻注曰：「『震』爲言」，頁80；謙卦上六爻注曰：「應在『震』」，頁95；蠱卦上九爻注曰：「『震』爲侯」，頁108；賁卦《象傳》注曰：「『震』動」，頁120；賁卦初九爻注曰：「應在『震』，『震』爲足」，頁121；大畜卦《大象傳》注曰：「『震』爲行」，頁138；大畜卦九三爻注曰：「『震』爲驚走，……，『震』爲驚衛」，頁139；大畜卦六五爻注曰：「『震』爲出」，頁140；大畜卦上九爻注曰：「『震』、艮爲道」，頁140；大畜卦上九爻《小象傳》注曰：「『震』爲行」，頁140；明夷卦《象傳》注曰：「『震』爲諸侯」，頁178；損卦六三爻注曰：「『震』爲行」，頁202；升卦《象傳》注曰：「『震』兌爲春秋」，頁226；升卦《象傳》注曰：「『震』爲行」，頁226；升卦六五爻注曰：「『震』升高」，頁228；鼎卦《象傳》注曰：「『震』爲帝」，頁246；鼎卦初六爻注曰：「四變得正成『震』，『震』爲長子」，頁247；鼎卦九三爻注曰：「『震』爲行，鼎以耳行，伏坎『震』折而入乾」，頁248；鼎卦九四爻注曰：「『震』爲足」，頁248；艮卦卦辭注曰：「『震』爲行人」，頁254；艮卦《象傳》注曰：「時行謂三體處『震』爲行也……，『震』行則行」，頁255；艮卦《大象傳》注曰：「三君子位『震』爲出」，頁255；艮卦初六爻注曰：「『震』爲趾」，頁256；艮卦六二爻注曰：「『震』爲動」，頁256；艮卦九三爻注曰：「『震』起艮止」，頁256；艮卦六五爻注曰：「『震』爲言」，頁257；歸妹卦六五爻注曰：「『震』爲帝」，頁266；豐卦九四爻注曰：「則三體『震』爲夷主」，頁272；豐卦九四爻《小象傳》注曰：「『震』爲行」，頁272；旅卦上九爻注曰：「『震』爲笑，『震』在前」，頁277；既濟卦六二爻注曰：「泰『震』爲七」，頁304；既濟卦九五爻注曰：「泰『震』爲東，……，『震』動五殺坤」，頁305；《繫辭上傳》注曰：「『震』爲語，……，『震』爲言」，頁330；《繫辭上傳》注曰：「『震』爲生、爲言語」，頁331；《繫辭下傳》注曰：「謙『震』爲行」，頁388。

〔註32〕《周易集解》，頁36。

成觀卦，曰「坤息體觀」，坤爲地，地色爲黃，十二消息卦中乾坤相通，坤又爲理，故稱乾通於坤理，觀卦九五爲陽爻、居正位，曰「五正陽位」，觀卦三至五爻互體爲艮，艮爲居，又「體謂四支」係艮爲兩肱，巽爲兩股，而稱「黃中通理，正位居體」。以三四五爻互體爲艮總有五十例。〔註33〕離卦互體之象，如乾卦九五爻「飛龍在天，利見大人」注曰：

> 謂四已變，則五體離，離爲飛，五在天，故「飛龍在天，利見大人」也。〔註34〕

乾卦四爻已變，故三至五爻互體爲離，離爲飛，以三四五爻互體爲離總有七十三例。〔註35〕坎卦互體之象，如小畜卦六四爻「有孚，血去惕出，无咎。」

〔註33〕艮象三四五爻互體之例，虞翻在《周易集解》注解中有：屯卦初九爻注曰：「『艮』止」，頁 39；屯卦六三爻注曰：「『艮』爲山，……，『艮』爲狐狼」，頁 40；屯卦上六爻注曰：「『艮』爲止」，頁 42；師卦六五爻注曰：「『艮』爲執」，頁 59；比卦卦辭注曰：「『艮』爲背」，頁 62；觀卦《象傳》注曰：「『艮』手臨坤」，頁 112；觀卦初六爻注曰：「『艮』爲童」，頁 113；觀卦六二爻注曰：「『艮』爲宮室」，頁 113；剝卦六四爻注曰：「『艮』爲膚」，頁 125；无妄卦六三爻注曰：「『艮』爲鼻、爲止」，頁 136；无妄卦九五爻注曰：「『艮』爲石」，頁 136；坎卦《象傳》注曰：「『艮』爲山」，頁 150；坎卦六三爻注曰：「『艮』爲止」，頁 151；坎卦六四爻注曰：「『艮』爲牖，坤爲戶；『艮』，小光照戶，牖之象」，頁 152；坎卦九五爻注曰：「『艮』止坤安」，頁 152；坎卦上六爻注曰：「『艮』爲手，……『艮』止坎獄」，頁 152；家人卦《象傳》注曰：「『艮』爲弟」，頁 184；家人卦六四爻《小象傳》注曰：「『艮』爲篤實」，頁 185；益卦《象傳》注曰：「『艮』爲時」，頁 205；益卦六二爻注曰：「『艮』爲宗廟」，頁 206；升卦《大象傳》注曰：「『艮』爲鼻」，頁 232；困卦九五爻注曰：「『艮』爲鼻」，頁 232；漸卦九五爻注曰：「而四體半『艮』山」，頁 262；渙卦卦辭注曰：「『艮』爲宗廟」，頁 287；渙卦《大象傳》注曰：「『艮』爲廟」，頁 288；渙卦九二爻注曰：「『艮』肱據之」，頁 288；渙卦六四爻注曰：「位半『艮』山」，頁 289；渙卦九五爻注曰：「『艮』爲居」，頁 290；節卦《象傳》注曰：「『艮』手稱制」，頁 291；節卦《大象傳》注曰：「『艮』止爲制」，頁 292；節卦初九爻注曰：「『艮』爲庭」，頁 292；節卦九二爻注曰：「『艮』爲門庭」，頁 292；節卦六四爻注曰：「『艮』止」，頁 293；節卦九五爻《小象傳》注曰：「『艮』爲居」，頁 293；中孚卦九二爻注曰：「五『艮』爲子，……，五在『艮』」，頁 297；中孚卦九五爻注曰：「『艮』手」，頁 297；《繫辭上傳》注曰：「乾以二、五摩坤成震、坎、『艮』」，頁 312；《繫辭上傳》注曰：「『艮』爲居」，頁 327；《繫辭上傳》注曰：「乾二、五之坤，則生震、坎、『艮』；……乾、坤生春，『艮』、兌生夏」，頁 349；《繫辭下傳》注曰：「『艮』爲厚，……中孚『艮』爲山丘」，頁 367；《繫辭下傳》注曰：「『艮』爲山陵」，頁 397；《繫辭下傳》注曰：「『艮』爲居。……，坎有震、『艮』」，頁 399。

〔註34〕《周易集解》，頁 3。

〔註35〕離象三四五爻互體之例，虞翻在《周易集解》注解中有：屯卦六四爻《小象

注曰：

> 「孚」謂五。豫坎爲血，爲惕；惕，憂也。震爲出，變成小畜，坎象不見，故「血去惕出」。得位承五，故「无咎」也。〔註36〕

傳》注曰：「體『離』故明也」，頁 41；屯卦上六爻《小象傳》注曰：「『離』爲目」，頁 42；需卦卦辭注曰：「『離』日爲光」，頁 47；需卦九三爻注曰：「『離』爲戈」，頁 49；比卦九五爻注曰：「體『重明』」，頁 64；小畜卦《大象傳》注曰：「『離』爲明」，頁 66；小畜卦九三爻注曰：「『離』爲目。……三體『離』」，頁 67；小畜卦上九爻注曰：「坎月『離』日」，頁 68；泰卦六四爻注曰：「四體『離』飛」，頁 78；泰卦六五爻注曰：「謂五變體『離』，『離』爲大腹」，頁 79；大有卦《象傳》注曰：「至三『離』爲夏」，頁 89；豫卦《象傳》注曰：「『離』爲日，……，『離』爲夏」，頁 97；豫卦六二爻注曰：「終變成『離』，『離』爲日」，頁 98；隨卦九四爻《小象傳》注曰：「『離』爲明」，頁 104；觀卦《象傳》注曰：「坎冬、『離』夏」，頁 113；賁卦卦辭注曰：「體『離』」，頁 119；賁卦《象傳》注曰：「成巽體『離』」，頁 120；大畜卦《象傳》注曰：「互體『離』、坎」，頁 137；頤卦六四爻《小象傳》注曰：「三成『離』」，頁 144；咸卦九四爻《小象傳》注曰：「未動之『離』」，頁 161；咸卦上六爻注曰：「『四變』爲目」，頁 162；大壯卦《象傳》注曰：「以『離』日見天」，頁 171；明夷卦《象傳》注曰：「體『離』」，頁 178；寒卦卦辭注曰：「『離』爲見」，頁 191；寒卦《象傳》注曰：「『離』見」，頁 191；損卦六五爻注曰：「三動『離』爲龜」，頁 203；萃卦卦辭注曰：「變成『離』，『離』爲見」，頁 221；萃卦《象傳》注曰：「三、四易位成『離』、坎，坎月『離』日」，頁 222；萃卦六二爻注曰：「『離』爲夏」，頁 223；萃卦上六爻注曰：「體『離』、坎」，頁 224；升卦卦辭注曰：「『離』爲見，……，二之五成『離』」，頁 225；升卦《象傳》注曰：「二升坎『離』爲冬夏」，頁 226；升卦九二爻注曰：「『離』爲夏」，頁 227；井卦卦辭注曰：「『離』爲瓶」，頁 236；井卦九二爻注曰：「離爲甕」，頁 238；井卦六四爻《小象傳》注曰：「初之五成『離』，『離』火燒土爲瓦」，頁 239；革卦卦辭注曰：「四動體『離』」，頁 240；革卦九四爻注曰：「在『離』焚棄」，頁 243；革卦九五爻《小象傳》注曰：「四動成『離』」，頁 244；艮卦《象傳》注曰：「五動成『離』」，頁 255；艮卦六四爻注曰：「五動則四體『離』婦，『離』爲大腹」，頁 256；漸卦初六爻注曰：「『離』五鴻」，頁 260；漸卦九三爻注曰：「『離』爲孕，三動成坤，『離』毀，……，『離』爲戈兵、甲冑」，頁 261；漸卦九三爻《小象傳》注曰：「三動『離』毀」，頁 261；漸卦六四爻注曰：「『離』爲麗」，頁 262；漸卦九五爻注曰：「『離』爲孕，坎爲歲，三動『離』壞」，頁 262；漸卦上九爻注曰：「『離』爲鳥」，頁 263；豐卦卦辭注曰：「則四變成『離』，『離』日中當五」，頁 268；豐卦初九爻注曰：「成『離』，『離』爲日」，頁 270；巽卦上九爻注曰：「『離』毀入坤，……，『離』爲斧」頁 281；渙卦六四爻《小象傳》注曰：「成『離』」，頁 289；節卦卦辭注曰：「三變成『離』」，頁 291；節卦《象傳》注曰：「三動『離』爲夏」，頁 291；既濟卦六四爻注曰：「『離』爲日」，頁 305；既濟卦九五爻注曰：「『離』爲夏；兌動二，體『離』明得正」，頁 305；《說卦傳》注曰：「『離』目上向」，頁 423。

〔註36〕《周易集解》，頁 68。

小畜卦旁通之卦爲豫，豫卦三至五爻互體爲坎，上卦爲震，坎爲惕、爲血，
震爲出，豫卦不見而旁通小畜，因此曰「血去惕出」，以三四五爻互體爲坎
總有七十一例。〔註37〕兌卦互體之象，如大有卦上九爻「自天祐之，吉无不

〔註37〕坎象三四五爻互體之例，虞翻在《周易集解》注解中有：同人卦九三爻注曰：
　　　　「三在『坎』中」，頁86；豫卦九四爻注曰：「『坎』爲疑，……，『坎』爲聚」，
　　　　頁99；噬嗑卦卦辭注曰：「『坎』爲獄」，頁115；噬嗑卦初九爻注曰：「『坎』
　　　　爲校」，頁117；噬嗑卦六三爻注曰：「『坎』爲毒」，頁117；頤卦六四爻注曰：
　　　　「『坎』水爲欲」，頁144；恆卦《象傳》注曰：「至三『坎』爲月」，頁164；
　　　　晉卦初六卦注曰：「四『坎』稱孚」，頁175；晉卦六三爻注曰：「見碩鼠出入
　　　　『坎』穴」，頁175；晉卦六三爻《小象傳》注曰：「『坎』爲志」，頁176；晉
　　　　卦六五爻《小象傳》注曰：「『坎』象不見」，頁176；睽卦《象傳》注曰：「『坎』
　　　　爲志」，頁187；睽卦《象傳》注曰：「『坎』爲志，爲通」，頁187；睽卦初九
　　　　爻注曰：「『坎』爲馬」，頁188；睽卦六三爻注曰：「離上而『坎』下」，頁189；
　　　　睽卦九四爻注曰：「『坎』爲孚」，頁189；睽卦九四爻《小象傳》注曰：「『坎』
　　　　動成震」，頁190；睽卦上九爻注曰：「『坎』爲豕、爲雨；……，『坎』爲車，
　　　　變在『坎』上，……，『坎』爲弧，……，『坎』爲寇，之三歷『坎』，……三
　　　　在『坎』下，……，『坎』象不見」，頁190；睽卦上九爻《小象傳》注曰：「『坎』
　　　　爲疑，三變『坎』敗」，頁191；井卦九五爻注曰：「二已變『坎』」，頁239；
　　　　鼎卦九二爻注曰：「四體『坎』，『坎』爲疾」，頁247；鼎卦六五爻注曰：「三
　　　　變『坎』爲耳」，頁249；震卦卦辭注曰：「『坎爲』棘匕，……，成震體『坎』」，
　　　　頁250；震卦《象傳》注曰：「『坎』爲則也」，頁251；震卦六三爻注曰：「『坎』
　　　　爲眚，……，『坎』象不見」，頁252；震卦九四爻注曰：「位在『坎』中」，頁
　　　　253；震卦九四爻《小象傳》注曰：「在『坎』陰中」，頁253；震卦上六爻注
　　　　曰：「欲之三隔『坎』」，頁253；歸妹卦卦辭注曰：「『坎』月離日俱」，頁263；
　　　　歸妹《象傳》注曰：「以離日『坎』月戰陰陽，……，離南『坎』北，……，
　　　　天地以離『坎』交陰陽」，頁264；歸妹卦九四爻注曰：「『坎』月離日爲期，……、
　　　　『坎』冬」，頁266；歸妹卦六五爻注曰：「『坎』月」，頁267；歸妹卦上六爻
　　　　注曰：「『坎』象不見」，頁267；豐卦卦辭注曰：「折四於『坎』獄中而成豐」，
　　　　頁268；豐卦《大象傳》注曰：「繫在『坎』獄中」，頁270；豐卦六二爻注曰：
　　　　「『坎』爲北中」，頁270；豐卦九四爻注曰：「噬嗑離日之『坎』雲中，……，
　　　　日入『坎』雲下」，頁271～272；豐卦九四爻《小象傳》注曰：「離上變入『坎』
　　　　雲下，……，『坎』幽也」，頁272；豐卦上六爻注曰：「『坎』爲三歲」，頁273；
　　　　豐卦上六爻《小象傳》注曰：「謂三隱伏『坎』中」，頁273；旅卦初六爻《小
　　　　象傳》注曰：「謂三動應『坎』，『坎』爲志」，頁275；旅卦九四爻注曰：「三
　　　　動四『坎』爲心」，頁276；旅卦六五爻注曰：「三變『坎』爲弓」，頁276；
　　　　小過卦《大象傳》注曰：「『坎』爲涕洟」，頁299；小過卦六五爻注曰：「折『坎』
　　　　入兌小爲密，……，『坎』爲弓彈」，頁301～302；小過卦六五爻《小象傳》
　　　　注曰：「謂三『坎』水已之上六」，頁302；小過卦上六爻注曰：「晉『坎』爲
　　　　災眚」，頁302；未濟卦上九爻注曰：「『坎』爲孚」，頁310；《繫辭下傳》注
　　　　曰：「『坎』爲弧，……，而『坎』雨集」，頁367；《繫辭下傳》注曰：「『坎』
　　　　爲瀆」，頁378。

利。」注曰：

> 謂乾也。「右」，助也。大有通比，坤爲自，乾爲天，兌爲右，故
> 「自天右之」。……〔註38〕

大有卦旁通比卦，比卦下卦爲坤，大有卦下卦爲乾，三至五爻互體爲兌，坤爲自，乾爲天，兌爲右，曰「自天右之」，以三四五爻互體爲兌總有二十七例。〔註39〕巽卦互體之象，如履卦初九爻《小象傳》「『素履』之『往』，獨行願也。」注曰：

> 應在巽，爲白，故「素履」。四失位，變往得正，故「往，无咎」。
> 初已得正，使四獨變，在外稱往，《象》曰：「獨行願也。」〔註40〕

初爻與四爻相應，三四五爻互體爲巽，曰「應在巽」，巽爲白，故曰「素履」，四爻失位，變而得正，曰「往，无咎」，初爻已正，與之相應之四爻獨變，四爻在外稱往，因此《象傳》曰「獨行願也。」以三四五爻互體爲巽總有三十例。〔註41〕

〔註38〕《周易集解》，頁9。

〔註39〕兌象三四五爻互體之例，虞翻在《周易集解》注解中有：離卦《大象傳》注曰：「震東『兌』西」，頁155；離卦六五爻注曰：「『兌』爲口」，頁156；恆卦《象傳》注曰：「『兌』秋」，頁164；大壯卦卦辭注曰：「『兌』爲毀折」，頁170；解卦《大象傳》注曰：「震喜『兌』說」，頁196；鼎卦初六爻注曰：「『兌』爲妻妾」，頁247；鼎卦九四爻注曰：「『兌』爲刑」，頁248；豐卦《大象傳》注曰：「『兌』折爲刑」，頁270；豐卦九三爻注曰：「『兌』爲折，爲右，……，折艮入『兌』」，頁271；旅卦《大象傳》注曰：「『兌』爲刑」，頁275；旅卦上九爻《小象傳》注曰：「坎耳入『兌』」，頁277；小過卦《大象傳》注曰：「『兌』爲小」，頁300；小過卦六五爻注曰：「折坎入『兌』小爲密，……，『兌』爲西」，頁301；《繫辭上傳》注曰：「坤以二、五摩乾成巽、離、『兌』」，頁312；《繫辭上傳》注曰：「乾二、五之坤成坎、離、震、『兌』，震春『兌』秋，……坤二、五之乾則生巽、離、『兌』，……，艮、『兌』生夏」，頁349；《繫辭上傳》注曰：「大有『兌』爲口」，頁352；《繫辭下傳》注曰：「『兌』爲雨」，頁367；《繫辭下傳》注曰：「『兌』爲小知」，頁377；《繫辭下傳》注曰：「巽高、『兌』下」，頁397；《繫辭下傳》注曰：「『兌』口、震言，……離有巽、『兌』」，頁398～399。

〔註40〕《周易集解》，頁70。

〔註41〕巽象三四五爻互體之例，虞翻在《周易集解》注解中有：泰卦初九爻注曰：「否『巽』爲茅」，頁77；泰卦上六爻注曰：「否『巽』爲命」，頁80；否卦《大象傳》注曰：「『巽』爲入伏」，頁81；隨卦六二爻注曰：「應在『巽』，『巽』爲繩」，頁103；隨卦上六爻注曰：「『巽』爲繩」，頁104；大畜卦六四爻注曰：「『巽』爲繩」，頁139；睽卦《象傳》注曰：「『巽』爲同，……，震、『巽』象壞，……，无妄『巽』爲進」，頁187；夬卦上六爻注曰：「動時體『巽』，『巽』

二、連互說

　　「連互」分有「四爻連互」與「五爻連互」兩種。「四爻連互」係指一別卦中，隨意選取六爻中相鄰之四爻，例如：初爻、二爻、三爻及四爻或二爻、三爻、四爻及五爻，或三爻、四爻、五爻及上爻，再另外補足此四爻所欠缺的其他兩爻，而形成另一別卦卦體。

　　補足此四爻所缺的另外兩爻，其運作方法有二。一則是重覆四爻居中之兩爻，此六爻排列順序由下而上為：第一爻、第二爻、第二爻、第三爻、第三爻、第四爻。換言之，新的卦體之下卦是由原本四爻中的第一爻為初爻，第二爻為二爻，及三爻，上卦是由原本四爻中的第三爻為四爻，與五爻，第四爻為上爻，如以離卦（☲）為例，初爻至四爻為「四爻連互」，初九和九四不動而其中的兩爻，六二及九三則重複出現兩次，因此下卦為震，上卦為乾，最後則形成一個新的卦體无妄（☰）。另一種運作方法係在四爻中，由下而上的順序以第一爻、第二爻、第三爻組合成下卦，而第二卦、第三卦、第四卦組合成上卦。新的卦體由下而上的順序為第一爻、第二爻、第三爻、第二爻、第三爻、第四爻。又以離卦（☲）為例，同樣選初爻至四爻為四爻連互，則下卦為離，上卦為巽，新的卦體形成為家人卦（☴）。

　　「五爻連互」係指在一別卦中，任意選取其相連之五爻，而後再補足所缺之一爻，形成一個新的別卦卦體。從六爻中所選取出的相連之五爻，其尚缺一爻，此爻的補足方式有二。一則為從所取出的五爻中，以居中的一爻，此指第三爻，重複出現兩次，因此，新的一爻由下而上的順序為第一爻、第二爻、第三爻、第三爻、第四爻、第五爻。另一個方式為由第一爻、第二爻、第三爻為下卦，而第三爻、第四爻、第五爻為上卦。然這兩種補足所缺之一爻的方式，最後所得到的結果都是相同的。如以未濟卦（☲）為例，選取

為號令：⋯⋯，『巽』象不見」，頁216；萃卦《象傳》注曰：「『巽』為命」，頁222；萃卦《大象傳》注曰：「『巽』為繩」，頁222；萃卦初六爻注曰：「『巽』為號」，頁223；萃卦六二爻注曰：「應『巽』為繩」，頁223；萃卦上六爻注曰：「『巽』為進」，頁224；困卦《大象傳》注曰：「『巽』為命」，頁230；困卦六三爻注曰：「『巽』為入」，頁231；困卦上六爻注曰：「『巽』為草莽稱葛藟」，頁233；《繫辭下傳》注曰：「『巽』為股，⋯⋯『巽』為繩」，頁366；《繫辭下傳》注曰：「『巽』為繩、為木」，頁367；《繫辭下傳》注曰：「『巽』為處，⋯⋯，『巽』為風，⋯⋯，『巽』為長木」，頁367；《繫辭下傳》注曰：「『巽』為繩」，頁368；《繫辭下傳》注曰：「『巽』為近利」，頁374。

初爻至五爻爲五體連互，以第一種方式補足所缺之一爻，爲下卦坎，上卦爲坎，得到一新別卦爲坎卦（☵）卦體。而第二種方式補足所缺的一爻，也得到相同的卦體坎卦（☵）。

（一）思想源流

1. 焦延壽

李周龍〈虞翻易說探原〉〔註42〕中提出焦延壽《易林》以坤之離曰：「齊魯爭言，戰於龍門。」如困卦《彖象》曰：「有言不信，尚口乃窮。」離卦與困卦能通用其辭，乃爲離卦二至五爻經「四爻連互」而成大過卦，困卦三至上爻經「四爻連互」亦可爲大過卦，大過下卦爲巽，上卦爲兌，巽反而成兌，故有兩口，巽相覆爲兌，似口相背，引申爲爭言，以此闡明西漢焦延壽已有連互之用。

2. 鄭　玄

鄭玄注解《周易》已見「四爻連互」應用，如大畜卦（☶）《彖傳》「不家食吉，養賢也。」注曰：

> 自九三至上九，有頤象。〔註43〕

自九三爻至上九爻，以此四爻經過「四爻連互」，不論是上述兩種運作之法，得到最後的結果皆是下卦爲震，下卦爲艮，此一新的卦體爲頤卦（☶）。

然現存鄭玄《易》注中未見其「五爻連互」之例，現存運用五爻連互者爲虞翻《易》注中尚可獲尋。

（二）虞翻之連互說

1. 四爻連互

〔註42〕「我們觀察焦延壽所撰的《易林》，其中坤之離云：『齊魯爭言，戰於龍門。』這裏所謂『爭言』，就如同困卦《彖傳》所說的『有言不信，尚口乃窮』一樣。這是因爲離卦☲二至五爻，與困卦☵三至上爻，都可以互成一個大過卦☱，大過的卦象是內卦爲巽，外卦爲兌，而巽又可以反覆成兌，兌爲口（見《說卦傳》），於是正覆兩兌象徵口相背，相背故有爭言。又《易林》中孚之巽云：『一言不同，乖戾生訟。』這是因爲巽卦☴初至四爻，也與困卦☵三至上爻一樣，都可以互成一個大過卦☱，與前面沒有兩樣，也是因爲正覆兩兌象徵口相背，相背所以纔生訟。兌既象徵口，口是用以出言的，反正皆口，所以《彖傳》說『尚口』，尚口則有言不信，不信必遭遇困窮，而有『爭言』『生訟』的現象。」〈虞翻易說探原〉，頁114～115。

〔註43〕《周易鄭注》，卷3，頁627。

小畜卦《大象傳》「風行天上，小畜；君子以懿文德。」注曰：

「君子」謂乾。「懿」，美也。豫坤爲文，乾爲德，離爲明；初至四體夬爲書契，乾離照坤，故「懿文德」也。〔註44〕

小畜卦下卦爲乾，乾爲君子，三至五爻互體爲離，小畜卦旁通爲豫卦，豫卦下卦爲坤，坤爲文，乾爲德，離爲明，以美其文明之德，又「初至四體夬爲書契」係曰小畜卦初爻至四爻經「四爻連互」而成夬卦。又同人卦九五爻「同人先號咷而後笑，大師克相遇。」注曰：

應在二，巽爲號咷，乾爲先，故「先號咷」。師震在下，故「後笑」；震爲後笑也。乾爲大，同人反師，故「大師」；二至五體姤遇也，故「相遇」。〔註45〕

同人卦五爻所應爲二爻，二至四爻互體爲巽，上卦爲乾，乾爲先，故曰「先號咷」，同人卦旁通師卦，師卦二至四爻互體爲震，震處下，故曰「後笑」，乾爲大，同人卦與師卦之陰陽皆反，故曰「大師」，同人卦二至五爻經「四爻連互」爲姤，姤卦《彖傳》曰：「姤，遇也。」，此外虞翻於注言中明曰其爲「四爻連互」者尚有豫卦卦辭「利建侯、行師」注曰：「三至上體師象」〔註46〕、大畜卦九三爻「良馬逐，利艱貞，曰閑輿衛，利有攸往。」注曰：「二至五體師象」〔註47〕、泰卦九三爻「无平不陂，无往不復。」注曰：「從三至上體復象」〔註48〕、隨卦六二爻「係小子，失丈夫」注曰：「體大過老夫……三至上有大過象」〔註49〕、大畜卦六五爻「豶豕之牙，吉。」注曰：「三至上體頤象」〔註50〕、坎卦六四爻「樽酒，簋貳，用缶，納約自牖，終无咎。」注曰：「二至五有頤口象」〔註51〕、睽卦初九爻「悔亡；喪馬勿逐自復，見惡人无咎。」注曰：「二至五體復象」〔註52〕、艮卦六五爻「艮其輔，言有序，悔亡。」注曰：「三至上體頤象」〔註53〕、兌卦《彖傳》「兌

〔註44〕《周易集解》，頁66。
〔註45〕同註44，頁87。
〔註46〕同註44，頁96。
〔註47〕同註44，頁139。
〔註48〕同註44，頁78。
〔註49〕同註44，頁103。
〔註50〕同註44，頁140。
〔註51〕同註44，頁151。
〔註52〕同註44，頁188。
〔註53〕同註44，頁257。

說也，剛中而柔外，說以『利貞』，是以順乎天而應乎人；說以先民，民忘其勞；說以犯難，民忘其死；說之大，民勸矣哉！」注曰：「三至上體大過死」〔註54〕。

此外仍有未言「某至某體某象」，但實為「四爻連互」之例，如師卦《大象傳》注曰：「有頤養象」〔註55〕師卦二至五爻連互而成頤卦；比卦六三爻注曰：「體剝傷象」〔註56〕比卦二至五爻連互而成剝卦；泰卦上六爻注曰：「而體復象」〔註57〕泰卦三至上爻連互而成復卦；豫卦初六爻《小象傳》注曰：「體剝蔑貞」〔註58〕豫卦初至四爻連互而成剝卦；隨卦九四爻注曰：「在大過死象」〔註59〕及隨卦九四爻《小象傳》注曰：「死在大過」〔註60〕皆以隨卦三至上爻互而成大過卦；蠱卦初六爻注曰：「父死大過稱考」〔註61〕及蠱卦六四爻注曰：「體大過」〔註62〕皆以蠱卦初至四爻連互而成大過卦；无妄卦《大象傳》注曰：「體頤養象」〔註63〕无妄卦初至四爻連互而成頤卦；剝卦上九爻注曰：「有頤象」〔註64〕剝卦「三已復位」三爻變動而成艮卦，艮卦三至上爻連互而成頤卦；大畜卦卦辭注曰：「至上有頤養之象」〔註65〕、大畜卦《彖傳》注曰：「今體頤養象」〔註66〕、大畜卦《大象傳》注曰：「有頤養象」〔註67〕皆以大畜卦三至上爻互體而成頤卦；離卦卦辭注曰：「體頤養象」，〔註68〕離卦旁通為坎卦，坎卦二至五爻連互而成頤卦；解卦卦辭注曰：「體復象」〔註69〕解卦「二往之五，四來之初」而成屯卦，屯卦初至四

〔註54〕《周易集解》，頁283。
〔註55〕同註54，頁57。
〔註56〕同註54，頁63。
〔註57〕同註54，頁79。
〔註58〕同註54，頁98。
〔註59〕同註54，頁103。
〔註60〕同註54，頁104。
〔註61〕同註54，頁106。
〔註62〕同註54，頁107。
〔註63〕同註54，頁105。
〔註64〕同註54，頁126。
〔註65〕同註54，頁137。
〔註66〕同註54，頁138。
〔註67〕同註54，頁138。
〔註68〕同註54，頁153。
〔註69〕同註54，頁195。

爻連互而成復卦；益卦《大象傳》注曰：「體復象」〔註70〕及益卦初九爻注曰：「體復初得正」〔註71〕皆以益卦初至四爻離互而成復卦；益卦上九爻《小象傳》注曰：「三體剝〔註72〕凶」〔註73〕益卦二至五爻連互而成剝卦；萃卦上六爻注曰：「上體大過死象」〔註74〕萃卦三至上爻連互而成大過卦；鼎卦《象傳》注曰：「體頤象」〔註75〕鼎卦初爻、四爻皆失位，兩爻互易之後而得大畜卦，大畜卦三至上爻連互而成頤卦；鼎卦《大象傳》注曰：「體姤」〔註76〕鼎卦初至四爻連互而成姤卦；漸卦九三爻注曰：「而體復象」〔註77〕漸卦初爻、三爻變動而成益卦，益卦初至四爻連互而成復卦；歸妹卦九四爻注曰：「體大過象」〔註78〕歸妹卦二爻、三爻皆變而成豐卦，豐卦二至五爻連互而成大過卦；豐卦《大象傳》注曰：「折四入大過死象」〔註79〕豐卦二至五爻互而成大過卦；豐卦初九爻注曰：「五動體姤遇」〔註80〕豐卦五爻變動而成革卦，革卦二至五爻連互而成姤卦；豐卦初九爻《小象傳》注曰：「體大過」〔註81〕豐卦二至五爻連互而成大過卦；豐卦九三爻《小象傳》注曰：「四死大過」〔註82〕如上例豐卦經連互而成大過卦，大過有死之象，故曰：「四死大過」；旅卦九三爻《小象傳》注曰：「三動體剝」〔註83〕旅卦三爻變動而成晉卦，晉卦初至四爻連互而成剝卦；兌卦九五爻注曰：「二、四變體剝象」〔註84〕兌卦二爻、四爻變動而成屯卦，屯卦二至五爻連互而成剝

〔註70〕《周易集解》，頁205。
〔註71〕同註70，頁206。
〔註72〕《周易集解》原文爲「三體剛凶」，張惠言《周易虞氏易》引江承之之説：「剛當爲剝，傳寫之誤。」〔清〕張惠言著：《張惠言易學十書》（臺北：廣文書局，1977年），頁196。益卦二爻至五爻經四爻連互後可得「剝卦」三爻正於其中，故當從江説。
〔註73〕同註70，頁209。
〔註74〕同註70，頁224。
〔註75〕同註70，頁246。
〔註76〕同註70，頁246。
〔註77〕同註70，頁261。
〔註78〕同註70，頁266。
〔註79〕同註70，頁270。
〔註80〕同註70，頁270。
〔註81〕同註70，頁270。
〔註82〕同註70，頁271。
〔註83〕同註70，頁276。
〔註84〕同註70，頁284。

卦；渙卦初六爻注曰：「動體大壯」〔註85〕渙卦初爻失位，動而得正，成中孚卦，中孚卦初至四爻連互而成大壯卦；節卦《象傳》注曰：「二動體剝」〔註86〕節卦二爻變動而成屯卦，屯卦二至五爻連互而成剝卦；中孚卦六四爻注曰：「體遯山中」〔註87〕中孚卦三至上爻連互而成遯卦；小過卦《大象傳》注曰：「體大過遭死」〔註88〕小過卦二至五爻連互而成大過卦；小過卦初六爻注：「上之三則四折入大過死」〔註89〕小過卦由晉卦上爻至三爻而來，然小過卦二至五爻連互而成大過卦；小過卦初六爻《小象傳》注曰：「四死大過」〔註90〕。小過卦二至五爻連互而成大過卦；小過卦六二爻注曰：「折入大過死，……五變三體姤遇，……體姤遇象」〔註91〕小過卦二至五爻連互而成大過卦，又小過卦五爻變動而成咸卦，咸卦二至五爻連互而成姤卦；小過卦六二爻《小象傳》注曰：「體大過下」〔註92〕及小過卦九三爻注曰：「折四死大過中」〔註93〕皆小過卦二至五爻連互而成大過卦；小過卦九四爻《小象傳》注曰：「體否上傾」〔註94〕小過卦初至四爻連互而成否卦；《繫辭上傳》注曰：「有師象」坎卦初至四爻連互而成師卦；《繫辭下傳》注曰：「益初體復心」〔註95〕益卦初至四爻連互而成復卦；《說卦傳》注曰：「體大過死」〔註96〕離卦二至五爻連互而成大過卦。

　　虞翻《易》注中有以「四爻連互」及「半象」結合來解說一卦象者，不是僅依連互關係而能構形另一個卦象，如坎卦六三爻注曰：

　　　　體師三輿〔註97〕

坎卦初至四爻連互而成解卦或升卦，解卦下卦為坎，五爻及上爻為坤之半象，故合而可成師卦，升卦上卦為坤，下卦為巽，初爻和二爻為坎之半象，

〔註85〕　《周易集解》，頁288。
〔註86〕　同註85，頁291。
〔註87〕　同註85，頁297。
〔註88〕　同註85，頁299。
〔註89〕　同註85，頁300。
〔註90〕　同註85，頁300。
〔註91〕　同註85，頁300。
〔註92〕　同註85，頁300。
〔註93〕　同註85，頁301。
〔註94〕　同註85，頁301。
〔註95〕　同註85，頁382。
〔註96〕　同註85，頁427。
〔註97〕　同註85，頁151。

亦可成師卦。離卦上九爻注曰：「體師象」〔註98〕離卦旁通爲坎卦，「體師象」亦經由坎卦四爻連互及半象而得；晉卦上九爻注曰：「動成震而體師象」〔註99〕晉卦上爻經變動而得正，成豫卦，豫卦三至上爻連互而成解卦或升卦，此兩卦又經半象而得其師卦；豐卦上六爻注曰：「三至上體大壯屋象」〔註100〕豐卦三至上爻連互而成泰卦或歸妹卦，泰卦下卦爲乾，上卦四爻、五爻或五爻、上爻震體半象，歸妹卦上卦爲震，下卦爲兌，初爻、二爻乾體半象，而得其大壯卦；渙卦上九爻《小象傳》注曰：「體遯上」〔註101〕渙卦三至上爻連互而成否卦或漸卦，否卦上卦爲乾，下卦初爻、二爻艮象半見，漸卦下卦爲艮，上卦五爻、上爻乾象半見，故兩卦皆可得其遯卦。

2. 五爻連互

虞翻在「四爻連互」外，尚有「五爻連互」用於易注中，如蒙卦《大象傳》「君子以果行育德」注曰：

> 「君子」謂二，艮爲果，震爲行。「育」，養也。二至上有頤養象，故「以果行育德」也。〔註102〕

蒙卦二至上爻經「五爻連互」而成頤卦，頤有養之意。又豫卦卦辭注曰：「初至五體比象」〔註103〕豫卦初至五爻連互而成比卦；損卦六四爻注曰：「二上體觀」〔註104〕損卦二爻與五爻相易而成益卦，所謂「二疾上五」，益卦二至上爻連互而成觀卦；萃卦《象傳》注曰：「五至初有觀象」〔註105〕萃卦初至五爻連互而成觀卦；《繫辭下傳》注曰：「鼎四也……五至初體大過」〔註106〕鼎卦初至五爻連互而成大過卦。上述五例皆爲某卦由某爻至某爻經五爻連互而得其新的卦體之體例。

亦有不言某爻至某爻之「五爻連互」，但實爲「五爻連互」者，如蒙卦上九爻注曰：「順有師象」〔註107〕蒙卦初至五爻連互而成師卦；師卦上六爻

〔註98〕《周易集解》，頁156。
〔註99〕同註98，頁177。
〔註100〕同註98，頁273。
〔註101〕同註98，頁290。
〔註102〕同註98，頁45。
〔註103〕同註98，頁96。
〔註104〕同註98，頁202。
〔註105〕同註98，頁222。
〔註106〕同註98，頁377。
〔註107〕同註98，頁46。

注曰:「體迷復凶」〔註108〕師卦至上爻連互而成復卦;師卦上六爻《小象傳》注曰:「坤反君道」〔註109〕指師卦二至上爻經五爻連互而成復卦,復卦上爻《小象傳》:「迷復之凶,反君道也。」;泰卦上六爻注曰:「謂二動時,體師」〔註110〕泰卦二爻變動而成明夷卦,明夷卦二至上爻連互而成師卦;否卦《大象傳》注曰:「體遯象」〔註111〕否卦二至上爻連互而成遯卦;同人卦《大象傳》注曰:「體姤」〔註112〕同人卦二至上爻連互而成姤卦;大有卦《大象傳》注曰:「體夬」〔註113〕大有卦初至五爻連互而成夬卦;謙卦上六爻注曰:「體師象」〔註114〕謙卦二至上爻連互而成師卦;隨卦六二爻注曰:「體咸象」〔註115〕隨卦二至上爻連互而成咸卦;隨卦上六爻注曰:「有觀象」〔註116〕隨卦由否卦而來,否卦初至五爻連互而成觀卦;臨卦九二爻注曰:「體復初元吉」〔註117〕臨卦二至上爻連互而成復卦;復卦上六爻注曰:「三復位時而體師象」〔註118〕復卦三爻變動得正後而成明夷卦,明夷卦二至上爻連互而成師卦;无妄卦六二爻注曰:「有益耕象」〔註119〕无妄卦初至五爻連互而成益卦;坎卦《彖傳》注曰:「體屯難……有屯難象」〔註120〕坎卦二至上爻連互而成屯卦;坎卦九五爻《小象傳》注曰:「體屯五中」〔註121〕坎卦二至上爻連互而成屯卦;坎卦上六爻注曰:「二變則五體剝,剝傷」〔註122〕坎卦二爻變動成比卦,比卦初至五爻連互而成剝卦;離卦《彖傳》注曰:「體屯,屯者盈也」〔註123〕離卦旁通為坎卦,坎卦二至上爻互連互而成屯卦;

〔註108〕《周易集解》,頁 60。
〔註109〕同註 108,頁 61。
〔註110〕同註 108,頁 80。
〔註111〕同註 108,頁 81。
〔註112〕同註 108,頁 86。
〔註113〕同註 108,頁 89。
〔註114〕同註 108,頁 95。
〔註115〕同註 108,頁 103。
〔註116〕同註 108,頁 104。
〔註117〕同註 108,頁 110。
〔註118〕同註 108,頁 132。
〔註119〕同註 108,頁 135。
〔註120〕同註 108,頁 150。
〔註121〕同註 108,頁 152。
〔註122〕同註 108,頁 152。
〔註123〕同註 108,頁 154。

咸卦九四爻《小象傳》注曰：「初體遯弒父」〔註124〕咸卦初至五爻連互而成遯卦；晉卦卦辭注曰：「初動體屯」〔註125〕晉卦初爻變動而成噬嗑卦，噬嗑卦初至五爻連互而成屯卦；明夷卦《大象傳》注曰：「體師象」〔註126〕明夷卦二至上爻連互而成師卦；睽卦《象傳》注曰：「五動體同人」〔註127〕睽卦五爻變動而成履卦，履卦二至上爻連互而成同人卦；解卦《大象傳》注曰：「出成大過……入則大過象壞」〔註128〕解卦上六爻注曰：「貫隼入大過死象」〔註129〕皆以解卦三爻變動而成恆卦，恆卦初至五爻連互而成大過卦；損卦六四爻《小象傳》注曰：「體大觀象」〔註130〕損卦二爻與五爻易位而成益卦，益卦二至上爻連互而成觀卦；益卦卦辭注曰：「體渙」〔註131〕及益卦《象傳》注曰：「謂三動成渙」〔註132〕皆以益卦三爻失位而變動得正成家人卦，家人卦二至上爻連互而成渙卦；益卦六二爻注曰：「謂體觀象」〔註133〕益卦二至上爻連互而成觀卦；萃卦卦辭注曰：「體觀享祀」〔註134〕及萃卦六二爻注曰：「體觀象」〔註135〕皆以萃卦初至五爻連互而成觀卦；井卦九五爻注曰：「體噬嗑食」〔註136〕井卦初爻、二爻已變而成既濟卦，既濟卦初至五爻連互而成噬嗑卦；革卦《象傳》注曰：「體同人象」〔註137〕革卦初至五爻連互而成同人卦；革卦九四爻注：「體大過死」〔註138〕革卦二至上爻連互而成大過卦；鼎卦初六爻注曰：「折入大過」〔註139〕及鼎卦九四爻注曰：「象入大過死」〔註140〕皆以鼎卦初至五爻連互而成大過卦；鼎卦九三爻注曰：「三動體頤」

〔註124〕《周易集解》，頁 161。
〔註125〕同註 124，頁 173。
〔註126〕同註 124，頁 178。
〔註127〕同註 124，頁 187。
〔註128〕同註 124，頁 196。
〔註129〕同註 124，頁 198。
〔註130〕同註 124，頁 202。
〔註131〕同註 124，頁 204。
〔註132〕同註 124，頁 205。
〔註133〕同註 124，頁 206。
〔註134〕同註 124，頁 221。
〔註135〕同註 124，頁 223。
〔註136〕同註 124，頁 239。
〔註137〕同註 124，頁 240。
〔註138〕同註 124，頁 243。
〔註139〕同註 124，頁 247。
〔註140〕同註 124，頁 248。

〔註141〕鼎卦初爻、四爻易位，且三爻變動，故成損卦，損卦二至上爻連互而成頤卦；鼎卦上九爻注曰：「體大有上九」〔註142〕鼎卦二至上爻連互而成大有卦；漸卦六二爻注曰：「體噬嗑食」〔註143〕漸卦初爻變動得正而成家人卦，家人卦初至五爻連互而成噬嗑卦；兌卦《象傳》注曰：「體比順象」〔註144〕及兌卦九四爻注曰：「體比象」〔註145〕皆以兌卦二爻、四爻變動而成屯卦，屯卦二至上爻連互而成比卦；渙卦卦辭注曰：「否體觀」〔註146〕渙卦由否卦而來，否卦初至五爻連互而成觀卦；渙卦《大象傳》注曰：「謂成既濟，有噬嗑食象故也」〔註147〕渙卦未之正之爻爲初、二、三、上爻則皆得正而成既濟卦，既濟卦初至五爻連互而成噬嗑卦；中孚卦卦辭注曰：「謂二已化邦，三利出，涉坎得正，體渙，渙舟楫象」〔註148〕中孚卦二爻、三爻變動得正而成家人卦，家人卦二至上爻連互而成渙卦；未濟卦九四爻注曰：「變之震，體師」〔註149〕未濟卦四爻變動得正而成蒙卦，蒙卦初至五爻連互而成師卦；《繫辭上傳》注曰：「謂初變體剝」〔註150〕益卦初爻變動而成觀卦，觀卦初至五爻離互而成剝卦；《繫辭上傳》注曰：「節本泰卦……謂二已變……初利居貞，不密，初動，則體剝」〔註151〕節卦初爻、二爻變動之正而成比卦，比卦初至五爻連互而成剝卦；《繫辭下傳》注曰：「三待五來之二，弓張矢發，動出成乾，貫隼入大過死」〔註152〕解卦三爻變動而成恆卦，恆卦初至五爻連互而成大過卦。

　　虞翻將一卦體經「五爻連互」後，仍需由「半見」，方可得一新的卦體者，如訟卦六三爻「食舊德，貞厲，終吉。」注曰：

　　　乾爲舊德，「食」謂初、四，二已變之正，三動得位，體噬嗑食。四

〔註141〕《周易集解》，頁248。
〔註142〕同註141，頁249。
〔註143〕同註141，頁260。
〔註144〕同註141，頁283。
〔註145〕同註141，頁284。
〔註146〕同註141，頁287。
〔註147〕同註141，頁288。
〔註148〕同註141，頁294。
〔註149〕同註141，頁309。
〔註150〕同註141，頁327。
〔註151〕同註141，頁331。
〔註152〕同註141，頁374。

變食乾，故「食舊德」。三變在坎，正危，「貞厲」；得位，故「終吉」也。〔註153〕

訟卦上卦為乾，乾之逸象為舊德，初爻、四爻互易其位，二爻、三爻變動之正，而成家人卦，家人卦初至五爻經「五爻連互」而成離卦，離卦初爻、二爻半見為震，與上卦之離結合而成噬嗑卦。如此將「五爻連互」與「半見」連合而成一新卦體之例，又有泰卦九三爻注曰：「體噬嗑」〔註154〕、同人卦九四爻注曰：「體訟」〔註155〕、蠱卦《大象傳》注曰：「體大畜須養」〔註156〕、大畜卦卦辭注曰：「家人體噬嗑食」〔註157〕、睽卦六五爻注曰：「二體噬嗑」〔註158〕、益卦六二爻注曰：「體噬嗑食」〔註159〕、鼎卦《象傳》注曰：「三動噬嗑食」〔註160〕、歸妹卦六三爻注曰：「初至五體需象」〔註161〕、豐卦《象傳》注曰：「四變體噬嗑食」〔註162〕等。

　　虞翻互體、連互頻繁使用於《周易》經傳，此則為虞翻解《易》、注《易》之道，然筆者遍覽虞翻《易》注之際，察見幾個值得注意的問題或特色，其一，《易》注中常以某卦為某卦所來由用以相互注解經傳，如需卦九二爻「需于沙，小有言，終吉。」注曰：「『沙』謂五，水中之陽稱沙也。二變之陰，稱『小』。大壯震為言，兌為口。四之五，震象半見，故『小有言』。二變應之，故『終吉』。」〔註163〕文中「兌為口」為互體，可解釋為需卦二至四爻之互體，需卦由大壯卦而來，亦可說是大壯卦三至五爻之互體，虞翻常於《易》注中，前一句以當卦來解釋，後一句以卦之所來由之卦體來詮說，因此，此處究竟歸屬需卦二、三、四爻之互體或大壯卦三、四、五爻之互體則其兩說皆可通，反言之，此處《易》注無一確立之解。

　　其二，互體可分二至四爻或三至五爻之互體，虞翻常在《易》注中出現

〔註153〕《周易集解》，頁54。
〔註154〕同註153，頁78。
〔註155〕同註153，頁87。
〔註156〕同註153，頁106。
〔註157〕同註153，頁137。
〔註158〕同註153，頁190。
〔註159〕同註153，頁206。
〔註160〕同註153，頁246。
〔註161〕同註153，頁266。
〔註162〕同註153，頁269。
〔註163〕同註153，頁48。

兩者皆可之互體，如頤卦卦辭注曰：「坤為自」〔註164〕謂頤卦二、三、四爻互體成坤，或三、四、五爻互體成坤，兩說皆有三爻之坤象。而頤卦《象傳》注曰：「『乾』為聖人……『坤』陰為民」〔註165〕、頤卦六三爻注曰：「『坤』為十年」〔註166〕、頤卦六四爻注曰：「『坤』為音薔」〔註167〕、頤卦上九爻注曰：「以『坤』」〔註168〕、夬卦九四爻《小象傳》注曰：「坎耳、『離』目折入於兌」〔註169〕、《繫辭上傳》注曰：「頤『坤』為地」〔註170〕、《繫辭下傳》注曰：「『乾』為衣、為野，『乾』象在中……『乾』為人……『乾』人入處」〔註171〕等，於上文雙框之文皆為不分二、三、四爻互體，或三、四、五爻互體者。然對於「四爻連互」及「五爻連互」亦有此現象出現，如蒙卦卦辭注曰：「二體師象」〔註172〕蒙卦初至四爻經「四爻連互」而產生師卦，或蒙卦初至五爻經「五爻連互」亦可產生師卦，而頤卦六三爻注曰：「體『剝』」〔註173〕、頤卦上九爻注曰：「體『剝』居上」〔註174〕、大過卦九五爻注曰：「體『姤』淫女」〔註175〕、大壯卦九四爻注：「體『夬』象」〔註176〕、《雜卦傳》注曰：「兩體『姤』、『夬』〔註177〕」〔註178〕等雙框之文由四爻、五爻連互皆能進行解釋，此處筆者則認為雖然虞翻《易》注中未分判清晰某注歸屬何種互體或連互，但反推虞翻《易》注初衷，則是以各種不同方式，其終以解《易》、注《易》為首要目標，而非歸類此《易》注是歸於何種互體或連互，如此來說文中兩者皆可說解之處，即為虞翻注《易》時自然之現。

〔註164〕《周易集解》，頁141。
〔註165〕同註164，頁142。
〔註166〕同註164，頁143。
〔註167〕同註164，頁144。
〔註168〕同註164，頁144。
〔註169〕同註164，頁215。
〔註170〕同註164，頁329。
〔註171〕同註164，頁367。
〔註172〕同註164，頁43。
〔註173〕同註164，頁143。
〔註174〕同註164，頁144。
〔註175〕同註164，頁147。
〔註176〕同註164，頁172。
〔註177〕《周易集解》原文為「兩體姤、決。」張惠言《張惠言易學十書‧周易虞氏義》云：「字誤，當為遘、夬。」《張惠言易學十書》，頁410。「遘」為「姤」也，「決」當改為「夬」，張說是也。
〔註178〕同註164，頁446。

　　其三，成爲互體者常與逸象結合，以增益其注解。不論是二、三、四爻互體或三、四、五爻互體，往往其後緊接其逸象，常曰「某爲○」或「某爲○○」，○爲三爻之逸象。

　　其四，某卦經「四爻連互」、「五爻連互」而形成一新卦體，某卦除了所注解之當卦，常爲旁通之卦，或爲某卦之某幾爻經變動而成之卦，虞翻以當卦或旁通卦用來進行連互於理可通，但常以某卦之某爻因不符合爻位陰陽而變，有變一爻者、甚而變至四爻者，終以變動後之卦來進行連互說，此爲虞翻爲人所詬病之處。

　　其五，「互體說」中，筆者統計互體之象出現次數，以互體之象出現之文的次數爲計，雖前後所出現者皆爲同一體，如二、三、四爻之乾象互體，《繫辭下傳》注曰：「賢人也，謂『乾』；三伏陽，出而成『乾』……，動出成『乾』」〔註179〕文中三個「乾」皆爲同一體，謂解卦「三伏陽」變動而成恆卦，恆卦二、三、四爻互體而成乾，然爲統計出現次數，筆者以每出現一次互體即計爲一次，雖總體而言，眞正互體之象並非統計次數之多，但爲眞實完整表現《易》注中互體之象出現的次數，因此，每出現一次即納入統計之中。

　　屈萬里於《先秦漢魏易例述評》中對「虞氏互體」評論曰：

　　　　按一卦之中，有本體二，並三畫之互體二而爲四。五畫之互體二卦，而有四體；四畫之互體三卦，而有六體，復益以半象之互體，則卦體之多，莫可究極矣。然後益之以變卦，坿之以逸象，則天下無不可以卦象求得之物，世間無不可以卦象解釋之文。一卦可以括六十四卦之義，六十四卦亦不過一卦之變。則是全部《周易》，一卦已足，復何用六十四卦之紛紛乎？象數之弊，至此極矣。〔註180〕

一別卦有上下、內外兩經卦，又經由「互體」而有二、三、四爻連互，或三、四、五爻連互，可得二卦，「四爻連互」可由初至四爻、二至五爻、三至上爻而得三個新卦體，「五爻連互」由初至五爻或二至上爻而得兩個新卦體，因此屈萬里則言經「互體」、「連互」、「半象」之象數解《易》「則卦體之多，莫可究極矣」，更言「一卦可以括六十四卦之義，六十四卦亦不過一卦之變」、「則是全部周易，一卦已足」，前文已提出五點來討論虞翻互體、連互之特色與問題，隨意變動卦爻而得正係虞翻變動卦爻不夠嚴謹之處，但互體說及連互說

〔註179〕《周易集解》，頁374。
〔註180〕《先秦漢魏易例述評》，卷下，頁129。

對注解《周易》經傳實為重要解《易》之法，在字字斟酌的努力尋求與象數連結中，此兩種解《易》之法不失為另一種開拓易《注》之道，《易》道主變，是故李周龍〈虞翻易說探原〉〔註181〕中言卦爻為符號，可以作多方面的象徵，現象本為不穩定，時空變化而易道主變，「互體」乃為現象變化之表現。虞翻《易》注以變動來解說《易》理，將互體、連互發揮極致，係虞翻於兩漢象數解《易》的承繼與發揚，但若因此而言《周易》以一卦則足矣，則是否定象數解《易》及較為偏斷之說。

第二節 「互反」、「旁通」之說

一、互反說

「反」乃指一卦全然倒轉後而成的另一個卦象，而這兩卦之間關係為「互反」，「互反」之卦又可稱之為「反象」、「反對之象」，唐代孔穎達稱為「覆」，明代來知德謂為「綜」。「互反」之卦象全為倒反之外，卦德、表徵的物象及吉凶休咎之情亦全然相反。屈萬里《先秦漢魏易例述評》於虞翻「反卦」曰：「反卦者，六爻反轉也。經卦以此為序，象傳等亦以此義為說。虞氏用以解易，於經傳為有徵矣。」〔註182〕

（一）思想源流

1.《雜卦傳》

虞翻將「互反」視為《易》學基礎建構之一，然於《雜卦傳》中已將卦

〔註181〕李周龍：「竊以為所有的卦爻都是一些符號，可以作為現象的表徵，這些符號當然可以作多方面的象徵，而所有的義理，都必須在這上面落實。一卦六爻，除了內外卦以外，還有互體，這正如就現象本身來說，有內在的現象，亦有外在的現象，而易道是主變的，因此在內外現象交互當中，可能因時空的變化而另外產生出許多種不同的現象出來。這是古人當時設定『互體』的理論基礎所在，而此種構想是很可以被我們接納的，因為所有的義理，正可以從這裏面發揮。至於現象的交互所形成的另外六畫卦，或見之於原卦的二至五爻，或一至五爻，或二至上爻，或初至四爻，或三至上爻，或藉其半象而成其互體，林林總總，種類繁多，這是因為現象本身原是極不穩定，變化多端。職是之故，遂使互體之設定，隨其變化而變化，亦不是一成不變的。凡此西漢諸儒多已見其端倪，而早用之以說易，仲翔不過承襲前說罷了。」〈虞翻易說探原〉，頁116。

〔註182〕《先秦漢魏易例述評》，卷下，頁135。

序以「互反」或「旁通」關係齊列一同，《雜卦傳》曰：

> 乾剛，坤柔。比樂，師憂。臨、觀之義，或與或求。屯見而不失其居，蒙雜而著。震，起也。艮，止也。損、益，盛衰之始也。大畜，時也。无妄，災也。萃聚而升不來也。謙輕而豫怠也。噬嗑，食也。賁，无色也。兌見而巽伏也。隨，无故也。蠱，則飭也。剝，爛也。復，反也。晉，晝也。明夷，誅也。井通而困相遇也。咸，速也。恆，久也。渙，離也。節，止也。解，緩也。蹇，難也。睽，外也。家人，內也。否、泰，反其類也。大壯則止。遯則退也。大有，眾也。同人，親也。革，去故也。鼎，取新也。小過，過也。中孚，信也。豐，多故也。親寡，旅也。離上而坎下也。小畜，寡也。履，不處也。需，不進也。訟，不親也。大過，顛也。姤，遇也，柔遇剛也。漸，女歸待男行也。頤，養正也。既濟，定也。歸妹，女之終也。未濟，男之窮也。夬，決也，剛決柔也。君子道長，小人道憂也。〔註183〕

由《雜卦傳》兩兩一組同歸其類，其中兩兩關係不是「互反」即爲「旁通」，或兩個關係皆有者。如「乾」、「坤」爲旁通，「屯」、「蒙」爲互反，「需」、「訟」爲互反，「師」、「比」爲互反，「小畜」、「履」爲互反，「泰」、「否」爲互反兼旁通，「同人」、「大有」爲互反，「謙」、「豫」爲互反，「隨」、「蠱」爲互反兼旁通，「臨」、「觀」爲互反，「噬嗑」、「賁」爲互反，「剝」、「復」爲互反，「无妄」、「大畜」爲互反，「頤」、「大過」爲旁通，「坎」、「離」爲旁通，「咸」、「恆」爲互反，「遯」、「大壯」爲互反，「晉」、「明夷」爲互反，「家人」、「睽」爲互反，「蹇」、「解」爲互反，「損」、「益」爲互反，「夬」、「姤」爲互反，「萃」、「升」爲互反，「困」、「井」爲互反，「革」、「鼎」爲互反，「震」、「艮」爲互反，「漸」、「歸妹」爲互反兼旁通，「豐」、「旅」爲互反，「巽」、「兌」爲互反，「渙」、「節」爲互反，「中孚」、「小過」爲旁通，「既濟」、「未濟」爲互反兼旁通。《周易》經傳隱含物極必返之道，天地宇宙萬物及人事行爲互動依循著極而復返、大逝遠返的循環觀念，使大小、上下、遠近、動靜等不停地周而復始運行著，此現象於《周易》經傳中展現無疑，虞翻更秉持此理運用在《易》注之中。

〔註183〕《周易正義》，頁189。

2. 焦延壽

尚秉和《焦氏易詁》於「《易林》每用覆象」中言：「《易》之用覆象……如困卦之有言不信，則用覆兌也……獨《易林》凡遇正反兩兌、兩震、兩艮，相反或相對者，不曰相齧，即曰相訟。」〔註184〕又《周易尚氏學》於「困卦辭：『有言不信』」曰：「兌口爲言，三至上正反兌，所向不同，故『有言不信』」。〔註185〕困卦上卦爲兌，三至五爻互體爲巽，巽互反而成兌，曰「三至上正反兌」，《焦氏易林》中亦見「互反」之對應關係。

（二）虞翻之互反說

1. 以「反」稱「互反」者

虞翻於《易》注中有七組卦體用運「互反說」，其一爲泰卦、否卦，如乾卦《小象》傳注曰：「謂否泰反其類也。」〔註186〕、坤卦六四爻注曰：「謂泰反成否」〔註187〕、泰卦卦辭注曰：「反否也」〔註188〕、泰卦初九爻注曰：「否、泰反其類」〔註189〕、泰卦上六爻注曰：「今泰反否」〔註190〕、否卦卦辭注曰：「又反泰也」〔註191〕、《繫辭下傳》注曰：「謂否反成泰」〔註192〕、《繫辭下傳》注曰：「否反成泰」〔註193〕、《序卦傳》注曰：「謂天地否也。謂否反成泰」〔註194〕、《雜卦傳》注曰：「否反成泰，泰反成否，」〔註195〕。其二爲臨卦、觀卦，如觀卦《象傳》注曰：「觀，反臨也」〔註196〕、觀卦六二爻注曰：「臨兌爲女，……兌女反成巽」〔註197〕、觀卦九五爻注曰：「震，生象，反，坤爲死喪」〔註198〕、《序卦傳》注曰：「臨反成觀」〔註199〕。其

〔註184〕尚秉和撰；陳金生點校：《焦氏易詁》（臺中：文听閣出版社《民國時期經學叢書》第一輯據民甲戌年（1934）刊本影印，2008年），卷2，頁51～52。
〔註185〕尚秉和撰；殷子和整理：《周易尚氏學》（北京：九州出版社，2011年），頁180。
〔註186〕《周易集解》，頁6。
〔註187〕同註186，頁30。
〔註188〕同註186，頁75。
〔註189〕同註186，頁77。
〔註190〕同註186，頁79。
〔註191〕同註186，頁80。
〔註192〕同註186，頁377。
〔註193〕同註186，頁381。
〔註194〕同註186，頁435。
〔註195〕同註186，頁444。
〔註196〕同註186，頁112。
〔註197〕同註186，頁113。
〔註198〕同註186，頁115。

三爲復卦、剝卦，如復卦《彖象》注曰：「剛從艮入坤，從反震」〔註200〕
文中「從艮入坤」指剝卦，而「反震」爲剝卦互反爲復卦，復卦下卦爲震。
其四爲咸卦、恆卦，如《序卦傳》注曰：「咸反成恆」〔註201〕。其五爲晉
卦、明夷卦，如明夷卦卦辭注曰：「臨二之三而反晉也」〔註202〕、明夷卦
上六爻《小象傳》注曰：「晉時在上麗乾……今反在下」〔註203〕。其六爲
損卦、益卦，如《繫辭下傳》注曰：損反成益」〔註204〕、《繫辭下傳》注
曰：「謂反損成益」〔註205〕、《繫辭下傳》注曰：「損初之上失位，……終反成
益」〔註206〕。其七爲漸卦、歸妹卦，如漸卦卦辭注曰：「反成歸妹」〔註207〕、
《雜卦傳》注曰：「反成歸妹」〔註208〕。

2. 未言「反」，實爲「互反」關係

　　上文係直言「反」爲兩卦互反關係者，亦有不明道「反」、「互反」而實
指其象者，如姤卦與夬卦，姤卦初六爻注曰：「三，夬之四，在夬動而體坎」
〔註209〕、姤卦九三爻注曰：「夬時動之坎爲臀」〔註210〕、姤卦九三爻《小象
傳》注曰：「在夬失位」〔註211〕在姤卦《易》注中，以夬卦來解釋其義，如「三，
夬之四」謂姤卦三爻互反而成夬卦四爻，姤卦、夬卦爲互反關係，但《易》
注中不明言「反」；又未濟卦九四爻「三年有賞于大國」注曰：「坤爲年、爲
大邦，陽稱『賞』，四在坤中，體既濟離三，故「三年有賞于大邦」。」〔註212〕
未濟卦與既濟卦爲互反，未濟卦九四爻反爲既濟卦九三爻。

二、旁通說

　　旁通乃爲一卦與另一卦彼此爻位之陰陽皆相反，如離卦與坎卦則互爲旁

〔註199〕《周易集解》，頁433。
〔註200〕同註199，頁130。
〔註201〕同註199，頁435。
〔註202〕同註199，頁177。
〔註203〕同註199，頁180。
〔註204〕同註199，頁381。
〔註205〕同註199，頁381。
〔註206〕同註199，頁387。
〔註207〕同註199，頁259。
〔註208〕同註199，頁445。
〔註209〕同註199，頁218。
〔註210〕同註199，頁219。
〔註211〕同註199，頁219。
〔註212〕同註199，頁309。

通之卦，以離卦爲本卦而坎卦係離卦之旁通卦，明代《易》學家來知德稱「旁通」爲「錯卦」。

（一）思想源流

最早出現「旁通」一辭，乃於乾卦《文言傳》：「大哉乾乎！剛健中正，純粹精也。六爻發揮，旁通情也。」〔註213〕乾卦六爻純陽，陽爻德行爲剛健，又乾卦初、三、五爻爲正，二、五爻得中，故曰「剛健中正」，乾卦剛健中正之性已至純粹境地，曰「純粹精也」，高亨《周易大傳今注》中言：「《廣雅・釋詁》：『揮，動也。旁，廣也。』此言《乾》卦之六爻發動，廣通於天道、物類、人事之情狀。」〔註214〕闡明乾卦六爻之變動而可察見宇宙萬物人事之情勢，而「旁通」即爲廣通、遍達之義，並非《易》學體例之「旁通」。

1. 焦延壽

焦延壽於《焦氏易林》中已有旁通思想並運用於《易》注中，《焦氏易林》「剝之巽」曰：

> 三人俱行，二人言北，伯仲欲南，少叔不得，中路分爭，道鬭相賊。

〔註215〕

巽卦旁通爲震卦，震爲人、爲行、其數三，曰「三人俱行」，震爲言、爲南，又二至四爻互體爲艮，艮爲震之互反，故艮爲北，曰「二人言北」，震爲伯，三至五爻互體成坎，坎爲仲，曰「伯仲欲南」，艮爲少男，延伸爲少叔，艮爲震反，艮象不見，曰「少叔不得」，艮爲道路，坎爲中，中道可向南、向北，曰「中路分爭」，震爲爭，坎爲盜賊，曰「道鬭相賊」。《焦氏易林》皆以震卦爲巽卦之解，兩卦實爲旁通關係，因此可見《焦氏易林》中已運用旁通來說解《易》理。

2. 京 房

虞翻之旁通思想亦可歸於京房「飛伏說」之影響，然何謂「飛伏說」？宋代朱震於《漢上易傳》中曰：「伏爻何也？曰京房所傳飛伏也。乾坤坎離震巽兌艮，兌，相伏者也。見者爲飛，不見者爲伏。飛，方來也；伏，既往也。《說卦》巽『其究爲躁卦』，例飛伏也。太史公《律書》曰：『冬至一陰下藏，

〔註213〕《周易集解》，頁16。
〔註214〕高亨撰：《周易大傳今注》（濟南：齊魯書社，2010年），頁48。
〔註215〕〔漢〕焦延壽撰：《焦氏易林》（臺北：藝文印書館，2008年），頁41。

一陽上舒。』此論《復卦》初爻之伏巽也。」〔註216〕飛爲顯，伏爲隱，以卦爻來說，陰爻下伏有陽，陽爻下伏有陰。

前文於第三章節中已對京房之飛伏有詳細說明，此處則簡略敘述之，京房在八宮六十四卦中有五種不同飛伏法。一爲八純卦之飛伏，八個純卦與其旁通之卦即稱飛伏卦。二爲「一世卦」、「二世卦」、「三世卦」之飛伏，「一世卦」爲純卦之初爻變動，「二世卦」爲純卦初爻、二爻皆變動，「三世卦」爲純卦初爻、二爻、三爻皆變，而此三個世卦之爻位變動皆在內卦，而「飛伏」卦亦於內卦變動，如乾卦之一世卦爲姤卦，二世卦爲遯卦，三世卦爲否卦，而姤卦之飛爲巽，遯卦之飛卦爲艮，否卦之飛卦爲坤，而此三個「飛卦」之「伏卦」皆爲乾卦內卦之乾。三爲「四世卦」、「五世卦」之飛伏，「四世卦」爲純卦初爻至四爻皆變，「五世卦」爲純卦初爻至五爻皆變，如乾宮之「四世卦」爲觀卦，「五世卦」爲剝卦，此變動皆爲外卦，而與之「飛伏」亦在此，觀卦之飛爲巽，伏爲乾卦外卦之乾，剝卦之飛卦爲艮，伏亦爲乾卦外卦之乾。四爲「游魂卦」之飛伏，「游魂卦」爲「五世卦」四爻之變，所變在外卦，如乾宮「游魂卦」爲晉卦，外卦爲離，離爲飛，而乾宮五世卦爲剝卦，剝卦外卦艮爲伏。五爲「歸魂卦」之飛伏，「歸魂卦」爲「游魂卦」內卦初爻、二爻、三爻之變，如乾宮之「歸魂卦」爲大有卦，大有卦內卦之乾爲飛，乾宮「游魂卦」晉卦之內卦坤爲伏。

因此，《京氏易傳》中乾卦曰：「與坤爲飛伏」〔註217〕、震卦曰：「與巽爲飛伏」〔註218〕、坎卦曰：「與離爲飛伏」〔註219〕、艮卦曰：「與兌爲飛伏」〔註220〕、坤卦曰：「與乾爲飛伏」〔註221〕、巽卦曰：「與震爲飛伏」〔註222〕、離卦曰：「與坎爲飛伏」〔註223〕、兌卦曰：「與艮爲飛伏」〔註224〕，然乾坤、震巽、坎離、艮兌皆爲旁通，而京房以「飛伏」稱之。

〔註216〕〔宋〕朱震撰：《漢上易傳》（北京：九州出版社，2012年），頁3。
〔註217〕〔漢〕京房撰；〔三國吳〕陸績註；〔明〕程榮校：《京氏易傳》（臺北：廣文書局輯於《易學三編》，1994年），卷上，頁1。
〔註218〕同註217，卷上，頁7。
〔註219〕同註217，卷上，頁12。
〔註220〕同註217，卷上，頁17。
〔註221〕同註217，卷中，頁1。
〔註222〕同註217，卷中，頁7。
〔註223〕同註217，卷中，頁12。
〔註224〕同註217，卷中，頁18。

3. 荀　爽

除了京房善用「飛伏」，東漢荀爽亦採其說，如《周易集解》坤卦上六爻
「龍戰于野」注曰：「消息之位，坤在於亥，下有伏乾，爲其兼于陽，故稱龍
也。」〔註225〕又《文言傳》「夫玄黃者，天地之雜也」注曰：「消息之卦，坤
位在亥，下有伏乾，陰陽相和，故言天地之雜也。」〔註226〕皆以坤卦之下潛
伏著乾卦，故可知京房、荀爽皆有飛伏思想，雖飛伏說與虞翻之旁通不全然
相同，但虞翻應相當受其影響。

（二）虞翻之旁通說

1. 稱以「旁通」之名

虞翻《易》注中直接以「旁通」解說兩卦之關係者，有比卦卦辭注曰：「與
大有旁通」〔註227〕、小畜卦《象傳》注曰：「與豫旁通」〔註228〕、履卦卦辭
注曰：「與謙旁通」〔註229〕、同人卦《象傳》注曰：「旁通師卦」〔註230〕、大
有卦卦辭注曰：「與比旁通」〔註231〕、謙卦卦辭注曰：「與履旁通」〔註232〕、
豫卦卦辭注曰：「與小畜旁通」〔註233〕、蠱卦卦辭注曰：「而與隨旁通」〔註234〕、
臨卦卦辭注曰：「與遯旁通」〔註235〕、臨卦卦辭注曰：「與遯旁通」〔註236〕、
剝卦卦辭注曰：「與夬旁通」〔註237〕、復卦卦辭注曰：「與姤旁通」〔註238〕、
大畜卦卦辭注曰：「與萃旁通」〔註239〕、頤卦卦辭注曰：「與大過旁通」〔註240〕、
坎卦卦辭注曰：「與離旁通」〔註241〕、離卦卦辭注曰：「與坎旁通」〔註242〕、

〔註225〕《周易集解》，頁 31。
〔註226〕同註 225，頁 37。
〔註227〕同註 225，頁 61。
〔註228〕同註 225，頁 66。
〔註229〕同註 225，頁 69。
〔註230〕同註 225，頁 85。
〔註231〕同註 225，頁 88。
〔註232〕同註 225，頁 91。
〔註233〕同註 225，頁 96。
〔註234〕同註 225，頁 105。
〔註235〕同註 225，頁 108。
〔註236〕同註 225，頁 109。
〔註237〕同註 225，頁 123。
〔註238〕同註 225，頁 129。
〔註239〕同註 225，頁 137。
〔註240〕同註 225，頁 141。
〔註241〕同註 225，頁 148。

恆卦卦辭注曰：「與益旁通，……終變成益」〔註 243〕、夬卦卦辭注曰：「與剝旁通……剝艮爲庭」〔註 244〕、姤卦卦辭注曰：「與復旁通」〔註 245〕、革卦卦辭注曰：「與蒙旁通」〔註 246〕、鼎卦卦辭注曰：「與屯旁通」〔註 247〕、《繫辭上傳》注曰：「謙旁通履」〔註 248〕、《繫辭下傳》注曰：「夬旁通剝」〔註 249〕、《繫辭下傳》注曰：「履與謙旁通」〔註 250〕。上文所列明確道出「旁通」之詞者有十四，其中有「大有、比」、「小畜、豫」、「履、謙」、「同人、師」、「蠱、隨」、「臨、遯」、「剝、夬」、「復、姤」、「大畜、萃」、「頤、大過」、「坎、離」、「恆、益」、「革、蒙」、「鼎、屯」。

2. 不稱「旁通」之名，實爲「旁通」關係

有「旁通」關係但不直說其名者，如師卦上六爻注曰：「同人乾爲大君」〔註 251〕、復卦《大象傳》注曰：「姤巽伏初」〔註 252〕、復卦上六爻注曰：「姤乾爲君」〔註 253〕、復卦上六爻《小象傳》注曰：「姤乾爲君」〔註 254〕、大畜卦九二爻注曰：「萃坤爲車」〔註 255〕、大畜卦六四爻注曰：「萃坤爲牛」〔註 256〕、頤卦卦辭注曰：「或以大過兌爲口」〔註 257〕、坎卦《象傳》注曰：「《離》言：『王用出征以正邦』是也」〔註 258〕、離卦六五爻注曰：「坎爲心」〔註 259〕、恆卦上六爻《小象傳》注曰：「終在益上」〔註 260〕、蹇卦九五爻

〔註 242〕《周易集解》，頁 153。
〔註 243〕同註 242，頁 162～163。
〔註 244〕同註 242，頁 211。
〔註 245〕同註 242，頁 216。
〔註 246〕同註 242，頁 240。
〔註 247〕同註 242，頁 245。
〔註 248〕同註 242，頁 330。
〔註 249〕同註 242，頁 368。
〔註 250〕同註 242，頁 385。
〔註 251〕同註 242，頁 60。
〔註 252〕同註 242，頁 131。
〔註 253〕同註 242，頁 132。
〔註 254〕同註 242，頁 133。
〔註 255〕同註 242，頁 139。
〔註 256〕同註 242，頁 139。
〔註 257〕同註 242，頁 141。
〔註 258〕同註 242，頁 150。
〔註 259〕同註 242，頁 156。
〔註 260〕同註 242，頁 166。

注曰：「睽兌爲朋」〔註261〕、夬卦《大象傳》注曰：「下爲剝坤」〔註262〕、夬卦九二爻注曰：「剝坤爲莫夜」〔註263〕、夬卦九四爻注曰：「剝艮爲膚……剝艮手持繩」〔註264〕、姤卦《大象傳》注曰：「復震二月、東方」〔註265〕、姤卦九三爻注曰：「夬復震爲行」〔註266〕、井卦初六爻《小象傳》注曰：「无噬嗑食象」〔註267〕、革卦《彖傳》注曰：「蒙艮爲居」〔註268〕、革卦《彖傳》注曰：「蒙坤爲地」〔註269〕、革卦《大象傳》注曰：「蒙艮爲星」〔註270〕、革卦九五爻注曰：「蒙坤爲虎變」〔註271〕、革卦上六爻注曰：「蒙艮爲君子」〔註272〕、《繫辭上傳》「子曰：『苟錯諸地而可矣。藉之用茅，何咎之有？愼之至也。夫茅之爲物薄，而用可重也。愼斯術也以往，其无所失矣。』」注曰：「頤坤爲地」〔註273〕此爲大過卦初六之辭，大過卦與頤卦旁通。《繫辭上傳》注曰：「大有五應二而順上……比坤爲順」〔註274〕。不直接道說「旁通」之名而實爲「旁通」者，其組合較「稱以旁通之名」少了「小畜、豫」、「履、謙」、「蠱、隨」、「臨、遯」、「鼎、屯」等五組，但多了「蹇、睽」、「井、噬嗑」等兩個組合。

3. 以「變」稱旁通者

兩卦有旁通關係，乃爲一別卦由初爻直至上爻在陰陽爻位上皆有變動，故以「變」來稱呼「旁通」，係可理解之，如履卦《大象傳》「上天下澤，履；君子以辯上下，定民志。」注曰：

> 「君子」謂乾。「辯」，別也。乾天爲上，兌澤爲下。謙坤爲民，坎爲志。謙時坤在乾上，變而爲履，故「辯上下，定民志」也。

〔註261〕《周易集解》，頁194。
〔註262〕同註261，頁213。
〔註263〕同註261，頁213。
〔註264〕同註261，頁214～215。
〔註265〕同註261，頁217。
〔註266〕同註261，頁219。
〔註267〕同註261，頁238。
〔註268〕同註261，頁240。
〔註269〕同註261，頁241。
〔註270〕同註261，頁241。
〔註271〕同註261，頁243。
〔註272〕同註261，頁244。
〔註273〕同註261，頁329。
〔註274〕同註261，頁353。

〔註 275〕

履卦上卦爲乾，下卦爲兌，乾爲天、兌爲澤，故曰「上天下澤」，履卦旁通爲謙卦，謙卦上卦爲坤，二至四爻互體爲坎，坤有民之逸象，坎有志之逸象，當謙卦出現時，則旁通之卦履卦則伏，謙卦上卦爲坤，履卦上卦爲乾，曰「謙時坤在乾上」，但謙卦若六爻全變則回復爲履卦，「旁通」關係實爲六爻全變，故以「變」代替「旁通」之名。而恆卦六五爻注曰：「終變成益……終變成益」〔註 276〕、恆卦六五爻《小象傳》注曰：「終變成益」〔註 277〕、巽卦《象傳》注曰：「終變成震」〔註 278〕、巽卦九五爻注曰：「震巽相薄……當變之震矣」〔註 279〕謂巽全爻皆變而成震卦，皆以「變」稱旁通。

4. 以「反」稱旁通者

前文已述「互反」又稱爲「反」、「反象」，但虞翻在旁通關係中亦以「反」稱「旁通」，如同人卦九五爻注曰：「同人反師」〔註 280〕、《繫辭上傳》「『同人先號咷而後笑。』」注曰：「同人反師」〔註 281〕同人卦互反之卦爲大有，而「同人反師」此處之「反」爲旁通之義，而不當互反用。

《周易》六十四卦中有兩兩卦體既是互反亦爲旁通，如否卦與泰卦，而《繫辭下傳》「子曰：『危者，安其位者也；亡者，保其存者也；亂者，有其治者也。是故君子安而不忘危，存而不忘亡，治而不忘亂，是以身安而國家可保也。《易》曰：「其亡！其亡！繫于苞桑。」』」注曰：「謂否反成泰」〔註 282〕否卦互反而成泰卦，否卦旁通之卦亦爲泰卦，此種組合還有「隨卦、蠱卦」、「歸妹卦、漸卦」、「既濟卦、未濟卦」。

虞翻以「反」稱說「旁通」，有時亦見於同一個《易》注中，如《繫辭下傳》注曰：「夬旁通剝，……夬反剝」〔註 283〕前面以「夬旁通剝」來說明兩卦間的關係，後文以「夬反剝」來代替，明顯可知「反」即爲「旁通」之義。

〔註 275〕《周易集解》，頁 70。
〔註 276〕同註 275，頁 166。
〔註 277〕同註 275，頁 166。
〔註 278〕同註 275，頁 278。
〔註 279〕同註 275，頁 281。
〔註 280〕同註 275，頁 87。
〔註 281〕同註 275，頁 328。
〔註 282〕同註 275，頁 377。
〔註 283〕同註 275，頁 368。

5. 以「通」、「變通」、「亨」稱旁通者

旁通之名在虞翻《易》注中又可稱爲「通」、「變通」與「亨」，因旁通之卦，兩兩關係爲六爻陰陽互變，「旁通」又曰「通」，彼此關係休戚相關，故曰「通」，如大有卦上九爻注曰：「大有通比」〔註284〕、豫卦六二爻注曰：「與小畜通」〔註285〕、《繫辭上傳》注曰：「以乾通坤」〔註286〕、《繫辭下傳》注曰：「謙與履通」〔註287〕、《繫辭下傳》注曰：「以乾通坤」〔註288〕、《說卦傳》注曰：「以乾通坤」〔註289〕上述所言之「通」即爲「旁通」。

前有言「旁通」亦可稱爲「變」、「通」，故合而爲「變通」，如豫卦《象傳》注曰：「豫變通小畜」〔註290〕謂豫卦旁通小畜卦。又「通」者常能亨達，以「亨」取代「旁通」，如大有卦《象傳》注曰：「大有亨比」〔註291〕大有卦與比卦之關係爲旁通，此處以「亨」字來說明兩卦之旁通關係。

6. 未稱「旁通」，亦未言「卦名」者

在《易》注中未明白道出「旁通」關係亦未說明「卦名」，而以旁通之卦來作爲解說內容，如《雜卦傳》「小畜，寡也。」注曰：

> 乾四之坤初成震，一陽在下，故「寡也」。〔註292〕

小畜卦與豫卦旁通，「乾四之坤初成震」即指豫卦九四之陽移至初六之陰，而下卦成震，《易》注中小畜卦旁通爲何卦皆未道出，直接就以旁通之豫卦進行詮解，而《雜卦傳》「履，不處也。」注曰：

> 乾三之坤上成剝，剝窮上失位，故「不處」。〔註293〕

履卦旁通之卦爲謙，謙卦九三爻爲乾陽，若上升至上爻之位而成一新的卦體剝，此亦爲不道其旁通之卦名而實以旁通卦來說解經傳。

（三）震巽之特變

1. 虞翻取「震巽特變」之因

〔註284〕《周易集解》，頁91。
〔註285〕同註284，頁98。
〔註286〕同註284，頁350。
〔註287〕同註284，頁387。
〔註288〕同註284，頁391。
〔註289〕同註284，頁404。
〔註290〕同註284，頁97。
〔註291〕同註284，頁89。
〔註292〕同註284，頁445。
〔註293〕同註284，頁445。

乾、坤、坎、離、艮、兌、震、巽之八卦取象各不同，乾爲天、坤爲地、坎爲水、離爲日、艮爲山、兌爲澤、震爲雷、巽爲風，八卦取象中唯震卦與巽卦所取之象爲無形之象者，而其它六卦之取象皆爲可見形體者，因此虞翻於《說卦傳》注中曰：「震雷、巽風無形，故卦特變耳」〔註294〕、「八卦諸爻，唯震、巽變耳」〔註295〕足見虞翻認爲震巽因取象無形，而八此兩卦爲卦之特變。

《說卦傳》曰：「雷以動之，風以散之」〔註296〕、「動萬物者莫疾乎雷，橈萬物者莫疾乎風」〔註297〕震爲雷，巽爲風，雷風皆能使萬物發生變動，而相對於「燥萬物者莫熯乎火」〔註298〕之離卦，「說萬物者莫說乎澤」〔註299〕之兌卦，「潤萬物者莫潤乎水」〔註300〕之坎卦，「終萬物、始萬物者莫盛乎艮」〔註301〕之艮卦，又「雨以潤之，日之烜之，艮以止之，兌以說之，乾以君之，坤之藏之。」〔註302〕此爲六子之卦藉以闡明乾天坤地化生萬物之功用，離火能乾燥萬物，兌澤能取悅萬物，坎水能潤澤萬物，艮山爲萬物之終始，而眞正能動搖萬物，使其彎曲形變者爲震、巽兩卦。總合以論，虞翻係因震雷、巽風之特性而特別點出此兩卦爲卦之特變。

2. 震巽之特變

巽卦九五爻「貞吉，悔亡，无不利，无初有終；先庚三日，後庚三日，吉。」注曰：

> 得位處中，故「貞吉，悔亡，无不利」也。震巽相薄，雷風无形，當變之震矣，巽究爲躁卦，故「无初有終」也。震庚也，謂變初至二成離，至三成震，震主庚，離爲日，震三爻在前，故「先庚三日」，謂益時也。動四至五成離，終上成震，震爻在後，故「後庚三日」也。巽初失正，終變成震得位，故「无初有終，吉」。震究爲蕃鮮，白，謂巽白；巽究爲躁卦，躁卦謂震也。〔註303〕

〔註294〕《周易集解》，頁421。
〔註295〕同註294，頁423。
〔註296〕《周易正義》，頁183。
〔註297〕同註296，頁184。
〔註298〕同註296，頁184。
〔註299〕同註296，頁184。
〔註300〕同註296，頁184。
〔註301〕同註296，頁184。
〔註302〕同註296，頁183。
〔註303〕同註296，頁281。

震為雷，巽為風，雷風無形而又相互迫近，「當變之震矣，巽究為躁卦」巽卦由初爻至上爻皆變動，極究而成震卦，震為躁卦，即「巽究為躁卦，躁卦謂震也」，然「震究為蕃鮮，白，謂巽白」震卦由初爻至上爻極究而成巽卦，「蕃鮮」為草木繁盛鮮明之狀，鮮明即為白，巽卦有白之逸象，故知震卦極究而為巽卦。

巽卦初爻、二爻變動而下卦成離，變至三爻而下卦成震，震卦六二爻注曰：「三動時，離為日，震數七，故『七日得』者也。」〔註304〕此為「月體納甲說」，震卦納庚，庚之數為天干次序中之七，故言「震數七」，震位於巽卦下卦變至三爻所得，故曰「先庚三日」，此時成一新卦體為益；巽卦由初爻變動至五爻而上卦為離，動至上爻而上卦為震，因爻位變動由初爻至上爻，由下卦至上卦，故此處曰「後庚三日」，巽卦初爻本為失位，但變成震卦後，初爻得正。

又巽卦《彖傳》「重巽以申命，剛巽乎中正而志行，柔皆順乎剛，是以『小亨，利有攸往，利見大人。』」注曰：「『剛中正』謂五也，二失位，動成坎，坎為志，終變成震，震為行也。」〔註305〕、巽卦《大象傳》「隨風，巽；君子以申命行事。」注曰：「『君子』謂遯乾也，巽為命，重象，故『申命』。變至三，坤為事，震為行，故『行事』也。」〔註306〕虞翻於巽卦《易》注中以特變震卦來說解，曰「終變成震」、「變至三……震為行」，可知巽卦之變由初爻往上變化至上爻，終而成震卦。然震卦、巽卦之特變關係於《說卦傳》中說明最為清楚，《說卦傳》「震為雷，為龍，為玄黃，為旉，為大塗，為長子，為決躁，為蒼筤竹，為萑葦；其於馬也，為善鳴，為馵足，為作足，為的顙；其於稼也，為反生；其究為健，為蕃鮮。」注曰：

> 太陽火，得水有聲，故「為雷」也。「駹」，蒼色，震東方，故「為駹」；舊讀作「龍」，上已為龍，非也。天元地黃，震，天地之雜物，故「為元黃」。陽在初，隱靜，未出觸坤，故「旉」，則乾靜也旉；延叔堅說以「旉」為「旉」，大布，非也。乾一索，故「為長子」。為雷，故「善鳴」也。馬白後左足為「馵」，震為左、為足、為作，初陽白，故「為作足」。「的」白，「顙」額也，震體頭在口上，白，

〔註304〕《周易集解》，頁252。
〔註305〕同註304，頁278。
〔註306〕同註304，頁279。

故「的顙」;《詩》云:「有馬白顛」是也。震、巽相薄,變而至三,
則下象究,與四成乾,故「其究爲健,爲蕃鮮」;巽究爲躁卦,躁卦
則震,震雷、巽風無形,故卦特變耳。〔註307〕

震雷、巽風相互迫近,震卦由初爻變至三爻,下卦而成巽,二至四爻互體而
爲乾,乾剛則健,曰「其究爲健」,「爲蕃鮮」謂事物鮮明,鮮明則白,巽爲
白;又巽卦極究而成震卦,此兩卦不言「旁通」而曰「特變」。又《說卦傳》
「巽爲木,爲風,爲長女,爲繩直,爲工,爲白,爲長,爲高,爲進退,爲
不果,爲臭;其於人也,爲寡髮,爲廣顙,爲多白眼;爲近利市三倍;其究
爲躁卦。」注曰:

爲近利市三倍,故「爲工」;子夏曰:「工居肆。」乾陽在上,故「白」。
乾陽在上,長,故「高」。陽初退,故「進退」。「臭」,氣也,風至
知氣,巽二入艮鼻,故「爲臭」,《繫》曰:「其臭如蘭。」爲白,故
「宣髮」;馬君以「宣」爲「寡髮」,非也。變至三,坤爲廣,四動
成乾爲顙,在頭口上,故「爲廣顙」,與震的顙同義;震一陽,故的
顙;巽變乾二陽,故廣顙。爲白,離目上向,則白眼見,故「多白
眼」。變至三,成坤,坤爲近,四動乾,乾爲利,至五成噬嗑,故稱
市,乾三爻爲三倍,故「爲近利市三倍」;動上成震,故「其究爲躁
卦」,八卦諸爻,唯震、巽變耳。變至五,成噬嗑爲市,動上成震,
故「其究爲躁卦」,明震內體爲專,外體爲躁。〔註308〕

虞翻以巽卦上爻爲乾陽而曰「白」,以白延伸爲「宣髮」、「多白眼」,故知巽
有白之逸象,巽卦由下而上動至五爻而成噬嗑,動至上爻而成震,震卦爲躁
卦,然此「躁」係指震卦外體,「陽在初,隱靜,未出觸坤,故『專』,則乾
靜也專」〔註309〕謂震卦內體一陽在初,隱靜則專,但震雷動至外體則隱靜之
象不見,由靜而躁。

3. 特變之疑議

巽卦九五爻「貞吉,悔亡,无不利,无初有終;先庚三日,後庚三日,
吉。」注曰:

得位處中,故「貞吉,悔亡,无不利」也。震巽相薄,雷風无形,

〔註307〕《周易集解》,頁419～421。
〔註308〕同註307,頁422～423。
〔註309〕同註307,頁419。

當變之震矣，巽究爲躁卦，故「无初有終」也。震庚也，謂變初至
二成離，至三成震，震主庚，離爲日，震三爻在前，故「先庚三日」，
謂益時也。動四至五成離，終上成震，震爻在後，故「後庚三日」
也。巽初失正，終變成震得位，故「无初有終，吉」。震究爲蕃鮮，
白，謂巽白；巽究爲躁卦，躁卦謂震也。與蠱先甲三日、後甲三日
同義；五動成蠱，乾成于甲，震成于庚，陰陽天地之始終，故《經》
舉甲、庚于蠱象、巽五也。〔註310〕

巽卦九五爻有「先庚三日」、「後庚三日」，於前文已論，而注文中言「與蠱先
甲三日、後甲三日同義」謂巽卦五動而成蠱卦，月體納甲說以乾納甲、震納
庚，乾象形成於甲方、東方，震象形成於庚方、西方。蠱卦《象傳》「『先甲
三日，後甲三日』，終則有始，天行也。」注曰：

謂初變成乾，乾爲甲；至二成離，離爲日；謂乾三爻在前，故「先
甲三日」，賁時也。變三至四體離，至五成乾，乾三爻在後，故「後
甲三日」，无妄時也。易出震，消息歷乾坤象，乾爲始，坤爲終，故
「終則有始」。乾爲天，震爲行，故「天行」也。〔註311〕

蠱卦初爻由陰變陽，下卦成乾，乾爲甲，變至二爻而下卦成離，離爲日，下
卦乾三爻在前，曰「先甲三日」，變化至四爻而上卦成離，變至五爻而而上
卦成乾，乾卦三爻在上、在後，曰「後甲三日」。「消息歷乾坤象，乾爲始，
坤爲終」蠱卦初爻爲陰，上爻爲陽，經變化後，坤陰爲終，乾陽爲始，故曰
「終則有始」。蠱卦與震卦、巽卦於注文中皆由初爻一路變化而上，唯蠱卦
在注文中未言上爻之變，而成隨卦，巽卦爲「先庚三日」、「後庚三日」，蠱
卦爲「先甲三日」、「後甲三日」，若於《易》注中蠱卦與特變卦之變化相近，
但卻不爲特變卦，其因即虞翻所言「八卦諸爻，唯震、巽變耳。」此特變之
範圍，虞翻已明確道出係在乾、坤、坎、離、震、艮、兌、巽八卦中言特變
卦，且震雷、巽風之特性會使物類發生變動，故以此爲特變之卦，蠱卦雖由
初爻變動至五爻，與巽卦注文相近，但並非歸屬八卦之中，因此不以此爲特
變之卦。又屈萬里《先秦漢魏易例述評》對「震巽特變」評論曰：

按特變之說，不過謂震巽三爻俱變，與之正而成既濟定之義不同耳。

然謂震雷巽風無形，姑無論說卦傳所列，震巽多有形之物；即以象

〔註310〕《周易集解》，頁281。
〔註311〕同註310，頁106。

象傳而論，巽亦爲木，木豈無形者哉？況縱或震巽無形，又何爲特變乎？更退一步言之，即使震巽果爲無形，無形者果應特變，則凡有震巽之卦，應皆以特變言之。然屯之下體震也，應變爲巽矣；乃於六二注云：「三爻位變，復體離。」震上下皆震，亦應必變巽也；乃六二亦注云：「三動離爲贏蚌。」斯仍之正之義，何不用特變之例也？〔註312〕

屈先生曰「震巽三爻俱變」，震、巽特變係由初爻變至上爻，不僅於三爻之變，「震庚也，謂變初至二成離，至三成震，震主庚，離爲日，震三爻在前，故『先庚三日』，謂益時也。動四至五成離，終上成震，震爻在後，故『後庚三日』也。」〔註313〕而虞翻《說卦傳》特別取震雷、巽風與其它六卦所不同之處，乃爲無形卻實有之存在，因無形而有變化之可能性與能動性，虞翻特別運用《說卦傳》爲立論基礎是別有用心，且觀虞翻之注「震巽特變」僅於此處標明，如屈先生所言於其他卦體中有三畫卦之震與巽者，仍以之正成既濟卦爲鵠的，係體例未能一貫之缺，反觀之，虞翻特取「震、巽」爲特變兩卦，有何之用，係待後人深思之處。

虞翻互反說於泰卦、否卦兩卦中，顯見卦德、吉凶、物類之反，在在表現出互反說之特色，虞翻運用於解《易》、注《易》，亦闇合了《雜卦傳》卦序之排列，襯托出作《易》者在卦象之間蘊藏的「互反」之義，但虞翻對於「互反」亦有過於附會之說，如爲未濟卦九四爻「三年有賞于大邦」注曰：「體既濟離三」〔註314〕未濟卦九四爻互反而爲既濟卦九三爻，未濟卦九四爻辭中「三年」係出於既濟卦下卦爲離，九三爻體離卦之三，如此比附未免過於強說，因此可知象數解《易》爲何常爲人所詬。

至於旁通說，屈萬里《先秦漢魏易例述評》卷下，對虞翻旁通之說批評曰：

旁通者，謂兩卦相比，爻體互異；此陽則彼陰，此陰則彼陽，兩兩相通也。說亦創自虞翻。……其所以造爲此例者，亦因本卦之象，不敷資取；不得不更取旁通之卦之象，以足成其說也。小畜初九爻辭《集解》引虞翻曰：「謂從四之初成復卦，故復自道。出入无疾，

〔註312〕《先秦漢魏易例述評》，卷下，頁147。
〔註313〕《周易集解》，頁281。
〔註314〕同註313，頁309。

朋來无咎，何其咎吉。乾稱道也。」大有初九爻辭《集解》引虞翻曰：「初動震爲交，比坤爲害。匪，非也。艱，難。謂陽動比初成屯，屯難也。變得位，難則無咎。」今按旁通之名，蓋取於乾《文言傳》：「六爻發揮，旁通情也」之語。實則揮者動也；六爻發揮，即「變動不居，周流六虛」之義。旁通情者，即「以類萬物之情」之義。蓋旁猶普也。「爻象以情言」，故六爻發動，可以普通萬物之情也。虞氏取其名而變其義，已違《文言傳》之旨。又況本小畜卦也，而乃以豫說之；豫又不足，更及於復。本大有卦也，而以比說之；比又不足，更及於屯。展轉牽引，將無窮極，甲乙株連，有同冤獄。而謂得《周易》之眞，其誰信哉！〔註315〕

屈萬里先生認爲「旁通」一辭源自於《文言傳》「六爻發揮，旁通情也」，係用以普通萬物之情，但虞翻於小畜初九爻辭注曰：「謂從四之初成復卦，故復自道。出入无疾，朋來无咎，何其咎吉。乾稱道也。」小畜卦旁通豫卦，豫卦九四之陽至初爻而成復卦，又大有卦初九爻注曰：「初動震爲交，比坤爲害。匪，非也。艱，難。謂陽動比初成屯，屯難也。變得位，難則無咎。」謂大有卦與比卦旁通，比卦初爻變動而下卦成震，比卦變動而爲屯卦，屈萬里先生以此兩例說解虞翻《易》注時以旁通卦爲主，再以旁通卦變動爻體來說明《周易》經傳，屈先生之說不無道理，但虞翻爲了解《易》、說《易》而廣大搜取象數條例來解說其文，「其所以造爲此例者，亦因本卦之象，不敷資取；不得不更取旁通之卦之象，以足成其說也。」虞翻取旁通之象係因本卦之象不敷取用，而《周易》以八卦、六十四卦來取象天地萬物，涵攝時間、空間變動不居，《說卦傳》曰：「雷以動之，風以散之，雨以潤之，日以烜之，艮以止之，兌以說之，乾以君之，坤以藏之」〔註316〕，又曰：「動萬物者莫疾乎雷，橈萬物者莫疾乎風，燥萬物者莫熯乎火，說萬物者莫說乎澤，潤萬物者莫潤乎水，終萬物、始萬物者莫盛乎艮，故水火相逮，雷風不相悖，山澤通氣，然後能變化，既成萬物也。」〔註317〕萬物由八種不同性質之物而構成，萬物之生長成熟持續變動，以成天地萬類，若僅以本卦來解釋經傳，往往有時而窮，故以本卦爲主，輔以旁通等相關條例，既可增加解說之法，亦可說明卦爻變化無窮。

〔註315〕《先秦漢魏易例述評》，頁 133～135。
〔註316〕《周易正義》，頁 183。
〔註317〕同註 316，頁 184。

第三節　「半象」、「兩象易」之說

一、半象說

所謂「半象」即為半體之象，三畫卦中缺一爻而為其卦之半，如三畫卦之半象，故（☷）之象，其下加陰爻為坎（☵）之半象，其下加陽爻為兌（☱）之半象，其上加陰爻為震（☳）之半象，其上加陽爻為離（☲）之半象，足見「半象說」變化多樣之性，此亦為人之所見詬之處。

（一）思想源流

1. 焦延壽

「半象」為虞翻常用《易》例，但在《焦氏易林》中早已將「半象」用於解釋《易》理，尚秉和《焦氏易詁》「知《易林》用半象」中曰：「然《易》用半象之處不多，故《易林》用之亦少。獨於既、未濟二卦，十八九用之。他若解、家人、蹇、睽、漸、歸妹六對象，亦往往用之。初見之皆不解其所謂，後由《易》推《易林》，始知其用半象。如《需》（䷄）之《既濟》（䷾）云：『遊居石門。』則以既濟中爻有半艮象，故曰『居』曰『石』曰『門』。半震為遊。《渙》（䷺）之《未濟》（䷿）云：『三虎上山』，未濟有三半艮形，故曰『三虎上山』。半震為登、為上，皆用半象也。」〔註318〕尚秉和舉《需》之《既濟》為例，《焦氏易林》曰：

> 遊居石門，祿安身全，受福西隣，歸飲玉泉。〔註319〕

既濟卦中二、三爻為艮之半象，四、五爻亦為艮之半象，《說卦傳》曰：「艮為小石，為門闕。」〔註320〕又「艮，止也。」〔註321〕初、二爻為震之半象，三、四爻亦為震之半象，《說卦傳》曰：「震……為作足」〔註322〕、「震，動也。」〔註323〕震有遊之意，因此稱曰「遊居石門」。又舉《渙》之《未濟》為例，《焦氏易林》曰：

> 三虎上山，更相喧喚，志心不親，如仇與怨。〔註324〕

〔註318〕《焦氏易詁》，卷2，頁52～53。
〔註319〕《焦氏易林》，頁41。
〔註320〕《周易正義》，頁186。
〔註321〕同註320，頁184。
〔註322〕同註320，頁185。
〔註323〕同註320，頁184。
〔註324〕同註319，頁384。

未濟卦中初與二爻、三與四爻、五與上爻皆為艮之半象，《說卦傳》曰：「艮為山……為狗，為鼠，為黔喙之屬。」〔註325〕又《周易集解》「為黔喙之屬」引馬融注曰：「黔喙，肉食之獸，謂豺狼之屬。」〔註326〕虎與豺狼之類相近，故艮有「山」、「虎」之象，且二、三爻及四、五爻皆有震之半象，《說卦傳》震為足、為動，故有「上」、「登」之象，故稱「三虎上山」。由上兩例可知《焦氏易林》中已善用「半象」解易，但未明確指出「半象」之名。

2. 京 房

京房「飛伏」與虞翻「半象」皆有隱含通機之先，預知未來之妙，李周龍〈虞翻易說探原〉〔註327〕中認為焦延壽撰寫《易林》之際已有「半象」之思，而後學京房承其思而作「飛伏」，京房之「飛伏」與虞翻之「半象」的理論基礎相同，可見現象之端倪，是故虞翻「半象說」當受京房「飛伏說」之影響。

（二）虞翻之半象說

簡博賢〈虞翻周易注研究〉〔註328〕認為半象由來是來自於卦變，卦有「能

〔註325〕《周易正義》，頁186。

〔註326〕《周易集解》，頁429。

〔註327〕「飛陽則伏陰，飛陰則伏陽。陽極則變陰，陰極則變陽。但『飛伏』與『爻變』畢竟還有一些差別。『爻變』是指現象本身已然發生變化，由於已到達極限，而立即變為其反面。『飛伏』則不然，雖尚未發展至極限的地步，但現象本身已隱含變化的『通機』，故可事先預料到將要有某種變化的情形發生。『半象』也與『飛伏』一樣，所要建立的理論基礎，就是要從陰陽變化中『預知未來』。雖然只見其中兩爻的變化，但已可看出現象的端倪。因為，尚未變化的另一爻，不論居於那一個爻位（或初、或二、或三、或四、或五、或上），它是從那一個原卦變來的，是陽抑或是陰，此時已可預先得知。職是之故，我們不難瞭解，焦循所謂『乾之半亦巽兌之半，坤之半亦艮震之半，……』（見前）實在是不明就裏而作錯誤的質疑與批判。京房多用『飛伏』，虞翻多用『半象』，他們所堅信的理論基礎卻是相同的。然而『半象』之說，後代學者雖多將發明的專利歸諸虞翻一人身上，其實，京房所受業的焦延壽，在撰寫易林的時候，即已用了它。」〈虞翻易說探原〉，頁119。

〔註328〕「夫易者易也。陰陽消息，一瞬萬變。宇內萬象，因變而生，因變而成；盈虛消息，吉凶悔吝，莫非變也。是以『能變之卦』之而為『所變之卦』，則彼卦之象隱，而此卦之象見。是此象之成，實彼象所來；一施一受，而各變所適矣。然『能變之卦』與『所變之卦』之間，必有所以承續之者。此或由其性之同一；或由其象之類似，故能相變也。既云變矣，則此性雖由彼來，必不能盡同彼性；尬就此言，則此之所得，特彼之一體耳。以其一體而非全體也，故所得者半；是半象之所由而所成者也。案虞易大義，厥在卦變。卦變者，二爻相易，而此

變之卦」與「所變之卦」，兩者之間有所承繼，但性質不可能全部相同，因此「以其一體而非全體也，故所得者半」，此爲「半象」的由來，但遍覽虞翻《易》注可見有些半象係卦變之「能變之卦」與「所變之卦」的關係，但另外亦有些半象運用於兩卦無卦變關係者。

1. 「某象半見」

需卦九二爻「需于沙，小有言，終吉。」注曰：

> 「沙」謂五，水中之陽稱沙也。二變之陰，稱「小」。大壯震爲言，兌爲口。四之五，震象半見，故「小有言」。二變應之，故「終吉」。

〔註 329〕

需卦由大壯卦而來，大壯卦上卦爲震，三至五爻互體成兌，震爲言，兌爲口，大壯卦四爻與五爻互易而成需卦，變成需卦之後，大壯卦上卦之震在需卦五爻、上爻所現震之半象，曰「震象半見」，震又爲言，因此稱「小有言」。又訟卦初六爻「不永所事，小有言，終吉。」注曰：

> 「永」，長也，坤爲事，初失位而爲訟始，故「不永所事」也，「小有言」，謂初、四易位，成震言，三食舊德，震象半見，故「小有言」。初變得正，故「終吉」也。〔註 330〕

卦變爲彼卦也。需自大壯來，故虞以大壯爲説。大壯䷡（下乾上震）四之五成需䷄（下乾上坎），上體震變爲坎。坎由震來，是坎之半（⚎）爲震變之變（即震變之遺，故爲震之半象）；故虞注需九二云『震象半見』（以上説第一例）。訟䷅（下坎上乾），初四易位成中孚䷼（案：本文爲「初四易位成履」，當改爲「初四易位成中孚」），二至四互震，震爲言也。屈師翼鵬云：『今初四未易位，則二三兩爻，震象半見，故小有言也。』（先秦漢魏易例述評卷下）蓋訟二至四有成震之勢。今以初四未易位，震象似現而隱；故虞云『震象半見』。是二三兩爻（⚎）之爲半震，實由未現之震以界定之也。抑又言之。訟初四易成中孚䷼（案：本文爲「訟初四易成履」，但訟卦初爻與四爻相易而成中孚卦，故當改爲「訟初四易成中孚」），二至四互震。三變得正（䷔），三至五互離，二至四互兌；兌由震來，是以兌有震半，體噬嗑。故虞注云『三食舊德，震象半見。』又注六三云『三動得位，體噬嗑食。』是兌之三四兩爻（⚎），爲震變之遺；故云『震象半見』也。亦可備一解（以上説第二例）。卦變小畜自需來（虞注小畜卦云需上變爲巽），故以需卦爲説。需䷄（下乾上坎）上變爲大畜䷙（下乾上巽），而坎變爲巽。是巽由坎來，巽體有半坎之象；故虞注云『上變爲陽，坎象半見。』（以上説第三例）焦氏謂乾之半亦巽兌之半（見上引），以譏毀虞氏，是未究半象之義也。」簡博賢：〈虞翻周易注研究〉，《孔孟學報》第 34 期（1977 年 9 月），頁 90。

〔註 329〕《周易集解》，頁 48。
〔註 330〕同註 329，頁 53。

簡博賢〈虞翻周易注研究〉於此處說明曰：「訟 ䷅（下坎上乾），初四易位成中孚 ䷼（案：本文爲「初四易位成履」，當改爲「初四易位成中孚」），二至四互震，震爲言也。屈師翼鵬云：『今初四未易位，則二三兩爻，震象半見，故小有言也。』（先秦漢魏易例述評卷下）蓋訟二至四有成震之勢。今以初四未易位，震象似現而隱；故虞云『震象半見』。是二三兩爻（☳）之爲半震，實由未現之震以界定之也。抑又言之。訟初四易成中孚 ䷼（案：本文爲「訟初四易成履」，但訟卦初爻與四爻相易而成中孚卦，故當改爲「訟初四易成中孚」），二至四互震。三變得正（䷔），三至五互離，二至四互兌；兌由震來，是以兌有震半，體噬嗑。故虞注云『三食舊德，震象半見。』又注六三云『三動得位，體噬嗑食。』是兌之三四兩爻（☱），爲震變之遺；故云『震象半見』也。亦可備一解（以上說第二例）。」〔註331〕其後之說，以訟卦初爻與四爻互易而成中孚卦，中孚卦二至四爻互體成震，「三變得正（䷔），三至五互離，二至四互兌；兌由震來，是以兌有震半，體噬嗑。」訟卦初六爻注文中僅曰「三食舊德」，係六三爻辭爲「食舊德」，未言三爻之正，因此後文「三至五互離，二至四互兌；兌由震來，是以兌有震半」，故不適用於此。

　　訟卦之所由爲遯卦，係立於十二消息卦而言，遯卦坤陰持續向上息長而成否卦，否卦下卦爲坤，坤爲事，而訟卦初爻失位而有訴訟始端，且遯卦尚未陰息成否卦，曰「不永所事」，又訟卦初爻與四爻易位而成中孚卦，中孚卦二至四爻互體成震，震爲言，三爻於初、四爻變易成中孚卦後仍保持原貌而不與四爻相結合成互體之震，二爻與三爻爲震象之半見，曰「小有言」。但此處值得注意者爲文中雖言「訟卦」與所由之「遯卦」的關係來說解《易》理，其後又以初爻、四爻互易而成的「中孚卦」來解釋「震象半見」，震象之半見係由中孚卦二至四爻互體而成之震，三爻不與四爻相連，而三爻與二爻形成「震象半見」，此震象是由中孚卦而來，但中孚卦不爲訟卦之所由之卦。簡博賢所謂「半見」之正例，其曰「考虞氏半象例，必云『某卦半見』。若上述諸例，實非半象。特說者比附成義；所以徒見半象之漫無準據也。」〔註332〕但此處則推翻其說，虞翻雖言「震卦半見」，而半見之卦與所由之卦仍無卦變之關聯。

　　小畜卦《象傳》「『密雲不雨』，尚往也。」注曰：
　　　　「密」小也，兌爲密。需坎升天爲雲，墜地爲雨；上變爲陽，坎象

〔註331〕〈虞翻周易注研究〉，頁90。
〔註332〕同註331，頁91。

半見，故「密雲不雨」，上往也。〔註333〕

需卦上爻變動而成小畜卦，需卦上卦爲坎，坎在天爲雲、降地爲雨，但需卦上爻變動而「坎象半見」，小畜卦四爻與五爻爲坎象之半，小畜卦由需卦而來，故曰「密雲不雨」。需卦與小畜卦有卦變上之關係，故其義相承襲。但又《說卦傳》「兌爲澤」注曰：「坎水半見，故『爲澤』。」〔註334〕兌卦與坎卦非卦變關係，但卦體三爻體之兌，其二爻、三爻有坎卦之半象，總合而論，虞翻「震象半見」與「坎象半見」於上文恰有兩例，「震象半見」與「坎象半見」中兩卦有半象者，其一有卦變關聯，另一則無卦變關係，如此可見，虞翻未以兩卦具有卦變關係者來說明「某卦半見」，有些僅係某卦之卦象與某卦之卦象有「半象」之象，但其兩卦並無「能變之卦」與「所變之卦」之相連。

2. 體某卦

虞翻以「某卦半見」來說半象，亦以「體某卦」注解經傳，如需卦《大象傳》「雲上於天，需；君子以飲食宴樂。」注曰：

> 「君子」謂乾。坎水，兌口，水流入口爲飲；二失位，變體噬嗑爲食，故「以飲食」。陽在內稱宴，大壯震爲樂，故「宴樂」也。
> 〔註335〕

清代李銳《周易虞氏略例・體弟十二》曰：「二變則初至五體噬嗑，初、二震象半見。」〔註336〕需卦下卦爲乾，上卦爲坎，二至四爻互體成兌，乾爲君子，坎爲水，兌爲口，曰「水流入口爲飲」，然九二爻失位，由陽變陰，成既濟卦，既濟卦由初爻至五爻經「五爻連互」而成離卦，離卦上卦爲離，初爻與二爻爲震之半象，故「變體噬嗑」，噬嗑有食之象。

而體噬嗑之食象，尙有訟卦六三爻「食舊德，貞厲，終吉。」注曰：「乾爲舊德，『食』謂初、四，二已變之正，三動得位，體噬嗑食。四變食乾，故『食舊德』。三變在坎，正危，『貞厲』；得位，故『終吉』也。」〔註337〕訟卦上卦爲乾，乾爲舊德，初爻與四爻易位，九二爻變而成陰，六三爻動而

〔註333〕《周易集解》，頁66。
〔註334〕同註333，頁429。
〔註335〕同註333，頁48。
〔註336〕〔清〕李銳撰：《周易虞氏略例》（上海：上海古籍出版社《續修四庫全書》據復旦大學圖書館藏清光緒十九年刻聚學軒叢書本影印，1995年），頁262。
〔註337〕同註333，頁54。

成陽，經過變動後，初爻至五爻經「五爻連互」而成離卦，離卦初爻與二爻有震之半象，下卦爲震、上卦爲離，故成「噬嗑卦」。泰卦九三爻「艱貞无咎；勿恤其孚，于食有福。」注曰：「……二之五得正，在坎中，故『艱貞』。坎爲憂，故『勿恤』。陽在五孚險，坎爲孚，故有孚。體噬嗑，食也；二上之五，據四，則三乘二，故『于食有福』也。」〔註338〕泰卦二爻與五爻互易而成既濟卦，既濟卦由初爻至五爻經「五爻連互」而成離卦，離卦下卦初、二爻爲震之半象，與上卦「噬嗑卦」。大畜卦卦辭「利貞；不家食，吉；利涉大川。」注曰：「……二稱『家』；謂二、五易位，成家人，家人體噬嗑食，故『利涉大川，應乎天也』。」〔註339〕大畜卦二爻與五爻易位而成家人卦，家人卦初爻至五爻經「五爻連互」而成離卦，離卦初爻、二爻有震之半象，與上卦而成「噬嗑卦」。益卦六二爻「或益之十朋之龜，弗克違，永貞吉；王用享于帝。」注曰：「……否乾爲王，體觀象，艮爲宗廟，三變折坤牛，體噬嗑食，故『王用享于帝』；得位，故『吉』。」〔註340〕益卦之所由爲否卦，否卦上卦爲乾，乾爲王，又初爻至五爻「五爻連互」而成觀卦，益卦三至五爻互體而成艮，三爻由陰變陽而成家人卦，家人卦由初爻至五爻經「五爻連互」而成離卦，離卦下卦震象半見，而體「噬嗑卦」。漸卦六二爻「鴻漸于磐，飲食衎衎，吉。」注曰：「艮爲山石，坎爲聚，聚石稱『磐』；初已之正，體噬嗑食，坎水陽物，並在頤中，故『飲食衎衎』。得正應五，故『吉』。」〔註341〕漸卦下卦爲艮，艮爲山石，二至四爻互體而成坎，坎爲聚，聚石爲磐，漸卦初爻之正而成家人卦，家人卦由初爻至五爻經「五爻連互」而成離卦，離卦下卦震象半見，而體「噬嗑卦」。豐卦《象傳》「『豐』，大也，明以動，故豐。『王假之』，尙大也；『勿憂，宜日中』，宜照天下也；日中則昃，月盈則食，天地盈虛，與時消息，而況于人乎！況於鬼神乎！」注曰：「五動成乾，乾爲天；四動成兩離，重明麗正，故『宜照天下』，謂化成天下也。月之行，生震、見兌，盈于乾甲；五動成乾，故『月盈』；四變體噬嗑食，故『則食』；……」〔註342〕豐卦五爻、四爻皆動而成既濟卦，既濟卦初爻至五爻經「五爻連互」而成離卦，離卦下卦震象半見，而體「噬嗑卦」。

〔註338〕《周易集解》，頁78。
〔註339〕同註338，頁137。
〔註340〕同註338，頁206。
〔註341〕同註338，頁260。
〔註342〕同註338，頁269。

虞翻《易》注中「體師卦」者有三例，如坎卦六三爻「來之坎坎，險且枕，入于坎窞，勿用。」注曰：

> 坎在內稱「來」，在坎終，故「來之坎坎」。「枕」，止也，艮爲止；三失位，乘二，則「險」；承五隔四，故「險且枕，入于坎窞」。體師三輿，故「勿用」。〔註343〕

坎卦初爻至四爻經「四爻連互」而成解卦、升卦，解卦下卦爲坎，上爻與五爻爲坤卦之半象，亦可說升卦上卦爲坤，初爻與二爻爲坎之半象，此兩卦皆可「體師」之卦。體師卦其二之例爲離卦上九爻「王用出征，有嘉折首，獲匪其醜，无咎。」注曰：「『王』謂乾；乾二、五之坤成坎，體師象，震爲出，故『王用出征』。……」〔註344〕離卦係爲乾、坤之二爻與五爻互易而成，離卦旁通爲坎卦，坎卦由初爻至四爻經「四爻連互」而成兩個卦象，一卦爲解卦，另一卦爲升卦，解卦下卦爲坎，上爻與五爻爲坤之半象，升卦上卦爲坤，初爻與二爻爲坎之半象，其兩卦皆體師之卦。其三之例爲晉卦上九爻「晉其角，維用伐邑，厲吉，无咎，貞吝。」注曰：「五已變之乾爲首，位在首上稱角，故『晉其角』也。坤爲邑，動成震而體師象，坎爲心，故『維用伐邑』。得位乘五，故『厲吉，无咎』而『貞吝』矣。」〔註345〕謂晉卦下卦爲坤，上爻動而上卦成震，其成豫卦，豫卦由三爻至上爻經「四爻連互」而成解卦與升卦，與上例相同，皆可體師象也。

「體訟」則同人卦九四爻「乘其墉，弗克攻，吉。」注曰：

> 巽爲庸，四在巽上，故「乘其庸」。變而承五，體訟，乾剛在上，故「弗克攻」則「吉」也。〔註346〕

同人卦二至四爻互體而成巽，巽爲庸，四爻變動而承五，爲家人卦，家人卦二爻至上爻經「五爻連互」而成渙卦，渙卦下卦爲坎，五爻與上爻爲乾之半象，相連而體訟卦。又「體大畜」如蠱卦《大象傳》「山下有風，蠱；君子以振民育德。」注曰：

> 「君子」謂泰乾也，坤爲民；初上撫坤，故「振民」。乾稱德，體大畜須養，故「以育德」也。〔註347〕

〔註343〕《周易集解》，頁151。
〔註344〕同註343，頁156。
〔註345〕同註343，頁176～177。
〔註346〕同註343，頁87。
〔註347〕同註343，頁106。

泰卦初爻之陽至上爻之位而成蠱卦，泰卦下卦爲乾，上卦爲坤，初爻至上爻而撫上卦之坤，坤爲民，稱「振民」。蠱卦二爻至上爻經「五爻連互」而成損卦，損卦上卦爲艮，初爻與二爻體乾之半象，而體「大畜卦」。

「體需象」則歸妹卦六三爻「歸妹以須，反歸以娣。」注曰：

> 「須」需也，初至五體需象，故「歸妹以須」。「娣」謂初也；震爲
> 反，反馬歸也；三失位，四反得正，兌進在四，見初進之，初在兌
> 後，故「反歸以娣」。〔註348〕

歸妹卦初爻至五爻經「五爻連互」而得一節卦，節卦上卦爲坎，下卦初爻、二爻爲乾之半象，故曰「體需象」。然「體大壯屋象」，如豐卦上六爻「豐其屋，蔀其家，闚其戶，闃其无人，三歲不覿，凶。」注曰：

> 「豐」大，「蔀」小也，三至上體大壯屋象，故「豐其屋」……
> 〔註349〕

豐爲大之義，豐卦三爻至上爻經「四爻連互」而成泰卦或歸妹卦，泰卦下卦爲乾，上卦四爻與五爻，或五爻與上爻皆震卦半見；歸妹卦上卦爲震，下卦初爻與二爻爲乾之半見，上述兩卦皆可「體大壯」，《繫辭下傳》曰：「上古穴居而野處，後世聖人易之以宮室，上棟下宇，以待風雨，蓋取諸大壯。」〔註350〕大壯卦有屋之象。而「體遯」，如渙卦上九爻《小象傳》「『渙其血』，遠害也。」注曰：

> 乾爲遠，坤爲害，體遯上，故「遠害也」。〔註351〕

渙卦之所由爲否卦，否卦上卦爲乾，下卦爲坤，乾爲遠，坤爲害，又渙卦三爻至上爻經「四爻連互」而成否卦、漸卦，否卦上卦爲乾，下卦初爻、二爻艮象半見，或漸卦下卦爲艮，上卦五爻、上爻爲乾象半見，兩者皆可「體遯」。

3. 以「半」稱「半見」

「半見」之說，不直言「半見」而曰「半」，直指卦中之兩爻體爲某個三爻卦之半見，如賁卦六五爻「賁于丘園，束帛戔戔；吝，終吉。」注曰：

> 艮爲山，五半山，故稱「邱」；……〔註352〕

〔註348〕《周易集解》，頁266。
〔註349〕同註348，頁273。
〔註350〕《周易正義》，頁168。
〔註351〕同註348，頁290。
〔註352〕同註348，頁122。

賁卦上卦爲艮，艮有山之象，五爻居於上卦艮山之中，故曰「五半山」。又坎《象傳》「『行有尚』，往有功也。天險不可升也；地險，山川丘陵也。王公設險以守其國。」注曰：

> 「功」謂五，二動應五，故「往有功也」。謂五在天位，五從乾來，體屯難，故「天險不可升也」。坤爲地，乾二之坤，故曰「地險」；艮爲山，坎爲川，半山稱丘，丘下稱陵，故曰「地險，山川丘陵也」。「王公」，大人，謂乾五；坤爲邦，乾二之坤成坎險，震爲守，有屯難象，故「王公設險以守其國」，《離》言：「王用出征以正邦」是也。〔註353〕

坎卦三至五爻互體而成艮，艮有山之象，而四爻、五爻爲艮山之半見曰「半山」。上文兩例皆三爻卦取其中兩爻而爲當卦之半見。

4. 無其名稱，實爲「半象」

此類注文有使用「半象」，但卻無「某卦半見」、「體某卦」、「半」之稱，如鼎卦《象傳》「鼎，象也，以木巽火，亨飪也；聖人亨以享上帝，而大亨以養聖賢；巽而耳目聰明，柔進而上行，得中而應乎剛，是以『元亨』。」注曰：

> 六十四卦皆觀繫辭，而獨於鼎言象，何也？象事知器，故獨言象也。
> 「聖人」謂乾，初、四易位體大畜，震爲帝，在乾天上，故曰「上帝」，體頤象，三動噬嗑食，故「以享上帝」也。……〔註354〕

六十四卦之《象傳》多以卦下所繫之辭進而延伸說明，而鼎卦《象傳》以象來解說，原因係以《易》卦表徵事物即可知曉《易》卦所蘊含的事物，鼎卦二至四爻互體爲乾，乾爲聖人，鼎卦初爻與四爻互易而成大畜卦，大畜卦三爻至五爻互體而成震，震爲帝，震帝於大畜卦下卦乾天之上，曰「上帝」，大畜卦三至上爻經「四爻連互」而成頤卦，曰「體頤象」，又鼎卦三爻變動後而成未濟卦，未濟卦二至上爻經「五爻連互」而成離卦，離卦上卦爲離，二爻與三爻爲震之半見，合而成「噬嗑卦」。文中僅言「三動噬嗑食」，但噬嗑卦是經由鼎卦之「五爻連互」後，再經半象，始得其卦。又中孚卦卦辭「豚魚吉；利涉大川，利貞。」注曰：

> 訟四之初也，坎孚象在中，謂二也，故稱「中孚」。……〔註355〕

〔註353〕《周易集解》，頁149～150。
〔註354〕同註353，頁245～246。
〔註355〕同註353，頁294。

中孚卦係由訟卦四爻與初爻相易而成，訟卦爲中孚卦之所由，訟卦下卦爲坎，而中孚卦二爻與三爻則爲坎之半見，故曰「坎孚象在中，謂二也」中孚卦中本無坎之象，而坎之象係指二、三爻之「半象」。

（三）「約象說」之辨議

簡博賢〈虞翻周易注研究〉一文提出「半象」與「約象」之別，而論者常以「約象」論「半象」，故以虞翻「半象」無其準則，其曰：

　　䷄ 需象傳虞注曰：「二失位，變體噬嗑，爲食；故以飲食。」（《集解》引）

　　䷏ 豫卦辭虞注曰：「三至上體師象，故行師。」（《集解》引）

　　䷶ 豐上六爻辭虞注曰：「三至上體大壯，屋象；故豐其屋。」（《集解》引）

上引三例，李銳皆以半象說之（見《周易虞氏略例體弟十二》）；而論者遂以半象疵之。考虞氏半象例，必云「某象半見」。若上述諸例，實非半象。特說者比附成義；所以徒見半象之漫無準據也。推究其誤，則實昧於半象之理；而誤以約象爲半象也。王應麟《困學紀聞》云：「京氏謂二至四爲互體，三至五爲約象。」（卷一）今考京氏易傳，有互而無約。

　　䷼ 中孚易傳云：「互體見艮。」（三至五互艮）

　　䷤ 家人易傳云：「互體見文明。」（三至五互離爲火，故云文明）

　　䷺ 渙易傳云：「互見動而上。」（二至四互震爲動）

　　䷮ 困易傳云：「坎象互見離火入兌。」（二至四互離爲火）

渙、困兩卦，以二至四言互；而中孚、家人，則以三至五爲互；固皆言互，而不言約也。應麟云「三至五爲約象」云云，實乖徵驗矣。竊謂京氏易例，或於三畫之中，約舉其二，以體一卦之象者；謂之約象（鄭以一爻體一二三畫之卦，謂之爻體；京以二爻體一三畫之卦，謂之約象）。以其約舉成象，故漫無準據。虞氏說易，間襲其說（如需、豫、豐諸卦例。考同人䷌九四虞注云：「變而承五，體訟。乾剛在上，故弗攻則吉。」亦取約象爲說，故不言某象半見。今以半象求之，四陽變陰，上乾變巽，巽由乾來；故巽之二畫，乾象半見。二四互坎，坎下乾上，故云體訟。蓋偶或賸合，非半象正例也）；殆

　　與半象殊異，固當分別觀之耳。後儒混同其說，以約爲半；宜其泛

　　漫無歸，時見疵議矣。〔註356〕

王應麟《困學紀聞》曰：「京氏謂二至四爲互體，三至五爲約象。」〔註357〕
但考查京房有「互體」而無「約象」，京房之約象爲「以二爻體一三畫之卦」
謂一個三畫卦中隨意取其二畫、二爻而與另外三畫卦合而體一卦象，如同人
卦九四之陽變而陰，其卦二至四爻互體爲坎，五爻與上爻爲乾之半象，相合
而爲訟卦，其爲簡博賢之謂「非半象正例」。

　　本文認爲其說有幾點疑議之處，其一，此「約象說」爲王應麟於《困學
紀聞》所提出，虞翻《易》注中並未出現「約象」之文。其二，《困學紀聞》
以《京氏易傳》中「二至四爲互體，三至五爲約象。」其「約象」是與「互
體」相較而言，與「半象說」無關。其三，所謂半象正例，《易》注中有「某
卦半見」者，如需卦九二爻「需于沙，小有言，終吉。」注曰：「……四之五，
震象半見」〔註358〕需卦由大壯卦而來，大壯卦上卦之震在需卦五爻、上爻所
現震之半象，其爲正例，但同爲「震象半見」者如訟卦初六爻「不永所事，
小有言，終吉。」注曰：「……謂初、四易位，成震言，三食舊德，震象半見，
故『小有言』。……」〔註359〕訟卦爲遯卦而來，訟卦初爻與四爻易位而成中孚
卦，三爻於初、四爻變易成中孚卦後仍保持原貌而不與四爻相結合成互體之
震，二爻與三爻爲震象之半見，但此震象是由中孚卦而來，而中孚卦不是來
自於訟卦，故可證明所謂「某卦半象」爲半象正例，其實未然。

二、兩象易說

　　兩象易說，又稱之爲「上下象易說」，係指一別卦之上卦、下卦互換其
位，上卦降移至下卦，下卦上升至上卦，而形成另一個卦象，例如：蹇卦
（䷦）上卦爲經卦坎，下卦爲經卦艮，如使上卦與下卦位置互換，則形成
一個上卦爲經卦艮，下卦爲經卦坎，此一新的卦象爲蒙卦（䷃）。

　　然而「兩象易」與「反象」截然不同，「反象」不似「兩象易」將上卦與

〔註356〕〈虞翻周易注研究〉，頁90～91。

〔註357〕〔宋〕王應麟撰：《困學紀聞》（臺北：中國子學名著集成編印基金會《中國
　　　　子學名著集成珍本》初編據明萬曆癸卯（31年）吳獻台重刊本影印、鄧邦彥
　　　　手書題記，1978年），卷1，頁65。

〔註358〕《周易集解》，頁48。

〔註359〕同註358，頁53。

下卦易位，而是一別卦由初爻至上爻全然倒轉。於六十四卦中，也有些卦體係經「反象」、「兩象易」、「旁通」後同爲一卦者，例如：泰卦（䷊）之反象、兩象易、旁通，皆爲否卦（䷋），又既濟卦（䷾）之反象、兩象易、旁通後，成未濟卦（䷿）。屈萬里《先秦漢魏易例述評》評論虞翻「兩象易」曰：「易者，更易也。卦有上下二體，故曰兩象。兩象易者，上下二體相更易也。其說亦肇自虞翻。」〔註360〕

（一）思想源流

1. 《繫辭下傳》

虞翻在《繫辭下傳》中有三則注文提及「兩象易」，其一爲「上古穴居而野處，後世聖人易之以宮室，上棟下宇，以待風雨，蓋取諸大壯。」〔註361〕，其二爲「古之葬者，厚衣之以薪，葬之中野，不封不樹，喪期无數。後世聖人易之以棺槨，蓋取諸大過。」〔註362〕，其三爲「上古結繩而治，後世聖人易之以書契，百官以治，萬民以察，蓋取諸夬。」〔註363〕，虞翻於此三則《易》注中皆以「兩象易」來解釋，故知虞翻所創「兩象易」、「上下易」與《繫辭下傳》較爲相關。虞翻曰：「大壯、大過、夬，此三『蓋取』，直兩象上下相易，故俱言『易之』。」因此，下文「兩象易」則分「大壯卦」與「无妄卦」、「大過卦」與「中孚卦」、「夬卦」與「履卦」三組上下《易》象來說明。

（二）虞翻之兩象易說

1. 「大壯卦」與「无妄卦」之兩象易

《繫辭下傳》「上古穴居而野處，後世聖人易之以宮室，上棟下宇，以待風雨，蓋取諸大壯。」注曰：

> 无妄，兩象易也。无妄乾在上，故稱「上古」，艮爲穴居，乾爲野，巽爲處，无妄乾人在路，故「穴居野處」。震爲後世，乾爲聖人，「後世聖人」謂黄帝也。艮爲宮室，變成大壯，乾人入宮，故「易之宮室」。艮爲待，巽爲風，兌爲雨，乾爲高，巽爲長木，反在上爲棟，震陽動起故「上棟」，「宇」謂屋邊也，兌澤動下爲「下宇」。无妄之大壯，巽風不見，兌雨隔震，與乾絕體，故「上棟下宇，以待風雨，

〔註360〕《先秦漢魏易例述評》，卷下，頁131。
〔註361〕《周易正義》，頁168。
〔註362〕同註361，頁168。
〔註363〕同註361，頁168。

蓋取諸大壯」者也。〔註364〕

清代惠棟《周易述》疏曰：「《傳》先言上古，下言易之，故取兩象易之例，謂一卦上下兩象易也。无妄與大壯兩象易，故云无妄兩象易也。无妄外乾，乾爲上、爲古，故稱上古。……无妄體艮，變成大壯，乾體在下，是乾人入宮之象，故易以宮室。艮止，故爲待，兌澤爲雨，……无妄震陽在下動起，成大壯，故上棟。……大壯體兌，兌澤動下，故下宇。无妄體巽，變之大壯，故巽風不見，大壯五互兌，四體震、乾別體在下，故兌雨隔震，與乾絕體也。」〔註365〕大壯卦之「兩象易」而爲无妄卦，以无妄卦解其辭，无妄卦上卦爲乾，乾在上曰「上古」，二至四爻互體爲艮，艮之逸象爲穴居，乾爲野，三至五爻互體爲巽，巽之逸象爲處，故大壯卦之兩象易无妄卦有「穴居野處」之象，无妄卦二至四爻互體爲艮，而此本爲大壯卦之乾，故曰「易之宮室」，大壯卦上卦爲震，震爲棟，曰「上棟」，大壯卦三至五爻互體爲兌，兌澤動震之下，曰「下宇」，无妄卦二至四爻互體爲艮，艮之逸象爲待，三至五爻互體爲巽，巽爲風，大壯卦三至五爻互體爲兌，兌爲雨，曰「以待風雨」，此文以「取諸大壯」與大壯卦「兩象易」之无妄卦所解。

2.「大過卦」與「中孚卦」之兩象易

《繫辭下傳》「古之葬者，厚衣之以薪，葬之中野，不封不樹，喪期无數，後世聖人易之以棺槨，蓋取諸大過。」注曰：

> 中孚，上下易象也，本无乾象，故不言上古；大過乾在中，故但言「古」者。巽爲薪，艮爲厚，乾爲衣、爲野，乾象在中，故「厚衣之以薪，葬之中野」。穿土稱「封」，「封」古窆字也，聚土爲「樹」，中孚无坤、坎象，故「不封不樹」。坤爲喪，「期」謂從斬衰値緦麻，日月之期數；无坎離日月坤象，故「喪期无數」。巽爲木、爲入處，兌爲口，乾爲人；木而有口，乾人入處，棺斂之象。中孚艮爲山丘，巽木在裡，棺藏山陵，槨之象也，故「取諸大過」。〔註366〕

清代惠棟《周易述》曰：「大過與中孚上下兩象易也。中孚无乾象，故不言上古，大過乾在中，乾爲古，故但言古者。巽柔，爻爲草，故爲薪，艮止坤上，坤厚載物，故爲厚。乾爲衣，大過乾在中，巽爲下，故厚衣之以薪，葬

〔註364〕《周易集解》，頁367。
〔註365〕〔清〕惠棟撰：《惠氏易學》（臺北：廣文書局，1981年），頁489。
〔註366〕同註364，頁367。

之中野。……穿土象坎，聚土象坤，中孚无坤坎象，故不封不樹，……坤爲喪，坎爲月，離爲日，中孚无坎離日月坤象，故喪期无數也。」〔註367〕「兩象易」虞翻亦稱爲「上下易象」，表現此條例之特色即爲上卦與下卦相互移易其位，大過卦「兩象易」爲中孚卦，上例中无妄卦乾在上，曰「上古」，但中孚卦無乾象，大過卦二至四爻或三至五爻互體爲乾，且乾在中，故僅曰「古」，又乾有衣、有野之逸象，乾象在中，中孚卦三至五爻互體爲艮，艮爲厚，上卦爲巽，巽有薪之逸象，曰「厚衣之以薪，葬之中野」，中孚卦無坤、無坎之象，坤有土、聚之逸象，坎象如一陽貫穿二陰之中，有穿之逸象，又「穿土稱『封』」、「聚土爲『樹』」，故曰「不封不樹」，坤爲喪，「『期』謂從斬衰值緦麻，日月之期數」，中孚卦中無坤、坎、離之象，曰「喪期无數」，大過卦互體爲乾，乾有人之象，中孚卦上卦爲巽，巽爲木、爲入處，下卦爲兌，兌爲口，人入處於木之口，有棺椁之象，中孚卦三至五爻互體爲艮，艮爲山丘，棺椁置於山丘之中，曰「後世聖人易之以棺椁」。

3.「夬卦」與「履卦」之兩象易

《繫辭下傳》「上古結繩而治，後世聖人易之以書契，百官以治，萬民以察，蓋取諸夬。」注曰：

> 履，上下象易也，乾象在上，故復言「上古」。巽爲繩，離爲罟，乾爲治，故「結繩以治」。「後世聖人」謂黃帝、堯、舜也。夬旁通剝，剝坤爲書，兌爲契，故「易之以書契」。乾爲百，剝艮爲官，坤爲眾臣、爲萬民、爲迷暗，乾爲治，夬反剝，以乾照坤，故「百官以治，萬民以察」，故「取諸夬」。大壯、大過、夬，此三「蓋取」，直兩象上下相易，故俱言「易之」。大壯本无妄，夬本履卦，乾象俱在上，故言「上古」。中孚本无乾象，大過乾不在上，故但言「古」者。大過亦言「後世聖人易之」，明上古時也。〔註368〕

清代惠棟《周易述》曰：「履與夬上下易，履在乾上，故復云上古。……九家謂結之多少，隨物眾寡，各執以相考，亦足以相治，故云結繩而治也。……夬旁通剝，故云剝。艮爲官；坤爲地，爲民。民生于地上，故爲萬民。坤先迷，又爲冥，爲晦，故爲迷暗，夬剝亦爲反其類，故反剝以乾照坤。大壯震爲竹木，乾爲金，進而成夬，夬決也。故乾金決竹木爲書契也。」〔註369〕此

〔註367〕《惠氏易學》，頁490～491。
〔註368〕《周易集解》，頁368。
〔註369〕同註367，頁492～493。

卦取於夬卦，夬卦與履卦爲「兩象易」之關係，曰「上下象易」。履卦上卦爲乾，曰「上古」，三至五爻互體爲巽，巽爲繩，二至四爻互體爲離，離爲罟，乾又爲治，曰「結繩而治」，夬卦上卦爲兌，兌爲契，夬卦旁通剝卦，剝卦下卦爲坤，坤爲書，曰「易之以書契」，夬卦下卦爲乾，乾爲百，旁通爲剝卦，剝卦上卦爲艮，艮爲官，下卦爲坤，坤爲眾臣、爲萬民、爲迷暗，曰「百官以治，萬民以察」。

清代焦循《易圖略・論半象第四》曰：「虞翻解小有言震象半見，又有半坎之說；余以爲不然。蓋乾之半亦巽兌之半，坤之半亦艮震之半。震之下半，何異於坎離之半？坎之半，又何異於兌巽艮之半？求其故而不得，造爲半象。……半象之說興，則履姤之下，均堪半坎；師困之下，皆可半震。究何從乎？」〔註370〕焦循以半象無其準則，兩個爻畫可解釋爲多個「三畫之卦」，其變化係由解說卦象《易》理而來，無所循從？屈萬里《先秦漢魏易例述評》亦補充焦循之見曰：「半象之說，創自虞翻。半象者，未成三畫之卦，而僅見二畫也。……推其用意，不過爲繁衍卦體，以便廣牽象數耳。然纖巧支離，殊無當於經旨。焦循已辭而闢之。」〔註371〕此兩說皆認爲虞翻爲遷就經傳《易》理而變易繁衍卦體，半象說係爲變易之法則，因而顯其離散支節。

王新春《周易虞氏學・集兩漢象數易學之大成的虞氏易學》曰：「『半象說』是虞氏在正常的卦爻之象以及前揭各相關象數義例〔註372〕皆難以對《易》作出『圓滿』詮釋的情勢下所創設的，它的確典型地突顯了虞氏過分

〔註370〕〔清〕焦循撰：《易圖略》（上海：上海古籍出版社《續修四庫全書》據上海圖書館藏清江都焦氏刻雕菰樓易學本影印，1995 年），卷 7，頁 525。

〔註371〕《先秦漢魏易例述評》，頁 130。

〔註372〕「虞氏時或即以半象說註《易》。舉例以言，即如左：其一，需卦（䷄）九二爻辭『需於沙，小有言，終吉』註有云：『大壯震爲言，兌爲口，四之五，震象半見，故小有言。』需卦自大壯卦（䷡）而變，大壯卦上體爲震，三至五爻互兌，震有爲『言』一逸象詳後，『兌爲口』見《說卦傳》：大壯卦四、五兩爻互易其位，卦成需後，五至上爻出現一半體之震，故云『震象半見（現）』。半震言之象，是則「小有言」矣。其二，小畜卦（䷈）卦辭『密雲不雨』註有云：『坎（水）升天爲雲，墜地稱雨。上變爲陽，坎象半見，故密雲不雨。』小畜卦上爻若係陰爻，則上體爲坎雲之象，今上爻爲陽爻，是則『上變爲陽』矣。上爻陽，則四至五爻成半坎之象，是則『坎象半見』矣。其三，《說卦傳》「兌爲澤」註云：『坎水半見，故爲澤。』兌卦（䷹）二至上爻呈一半體之坎也。」王新春撰：《周易虞氏學》（臺北：頂淵文化事業有限公司，1999 年），頁 148～149。

執泥於《易》象，遷就、附比經文以言《易》的一大特色。」〔註373〕王新春作《周易虞氏學》對其中字句與象數條例精確地理解，但卻中立地說出虞翻拘泥《易》象而有「半象說」，係爲銓說經傳下所作的結果，亦爲虞翻之特色。

至於「兩象易」，屈萬里《先秦漢魏易例述評》對此說之評論曰：

> 虞氏以兩象易說易者，凡此三見，然皆無當。繫傳之十二蓋取，或就卦之名義言，或就卦象言。大壯謂「上棟下宇，以待風雨」之偉壯；夬謂「百官以治，萬民以察」之明決，皆就卦名義言之。大過上兌澤，下巽木，木在澤下，有似棺槨；則就象言之。繫傳蓋取之說，本多牽合，然固與兩象易無涉，此核諸傳文而不合也。虞氏變卦之例，大壯及夬，皆屬十二消息。於大壯注云：「陽息泰也。」於夬注云：「陽決陰，息卦也。」十二消息，皆出自乾坤，是大壯非來自无妄，夬非來自履也。於大過注云：「大壯五之初，或說三之五。」（屈按：李銳《周易虞氏略例》云：「說字疑當作訟字」）是大過不來自大壯，則來自訟，固非來自中孚也。然則兩象易之說，又顯與己例矛盾矣。於易傳則不合，與己例則矛盾，說易者尚何取焉？〔註374〕

《繫辭下傳》言「蓋取」者，除了「大壯」、「夬」、「大過」之外，尚有：「作結繩而爲罔罟，以佃以漁，蓋取諸離。」〔註375〕、「包犧氏沒，神農氏作，斲木爲耜，揉木爲耒，耒耨之利，以教天下，蓋取諸益。」〔註376〕、「日中爲市，致天下之民，聚天下之貨，交易而退，各得其所，蓋取諸噬嗑。」〔註377〕、「黃帝、堯、舜垂衣裳而天下治，蓋取諸乾、坤。」〔註378〕、「刳木爲舟，剡木爲楫，舟楫之利，以濟不通，致遠以利天下，蓋取諸渙。」〔註379〕、「服牛乘馬，引重致遠，以利天下，蓋取諸隨。」〔註380〕、「重門

〔註373〕《周易虞氏學》，頁 149。
〔註374〕《先秦漢魏易例述評》，頁 132～133。
〔註375〕《周易正義》，頁 166。
〔註376〕同註 375，頁 167。
〔註377〕同註 375，頁 167。
〔註378〕同註 375，頁 167。
〔註379〕同註 375，頁 167。
〔註380〕同註 375，頁 168。

擊柝，以待暴客，蓋取諸豫。」〔註381〕、「斷木爲杵，掘地爲臼，臼杵之利，萬民以濟，蓋取諸小過。」〔註382〕、「弦木爲弧，剡木爲矢，弧矢之利，以威天下，蓋取諸睽。」〔註383〕《繫辭下傳》以「蓋取」言之，但「兩象易」之三例，其句法爲「後世聖人易之以……蓋取諸……」，文中之「易」虞翻推衍爲「兩象易」，而大壯卦「上棟下宇，以待風雨」爲建築壯盛之貌，由卦名而言，夬卦「百官以治，萬民以察」百官以契刻文字來治理萬民，萬民以百官明察事理爲憑據，有果決之象，故取其卦名，但大過卦不取卦名而取卦象，大過卦上卦爲兌，下卦爲巽，兌澤巽木，有棺槨之象。

　　另外，「乾坤生六子」及「消息卦生雜卦」爲虞翻卦變法則，《繫辭下傳》虞翻注曰：「大壯本无妄，夬本履卦，乾象俱在上，故言『上古』。中孚本无乾象，大過乾不在上，故但言『古』者。大過亦言『後世聖人易之』，明上古時也。」〔註384〕，屈萬里認爲「大壯卦」、「夬卦」、「大過卦」爲「无妄卦」、「履卦」、「中孚卦」所生，而言「是大壯非來自无妄，夬非來自履也……是大過不來自大壯，則來自訟，固非來自中孚也。」李周龍則認爲：「他又以爲大壯及夬皆屬十二消息卦，而十二消息卦皆出自乾坤，所以大壯非來自无妄，夬非來自履。這種看法，也未必得實。乾坤爲天地，爲父母，是萬物之所自來，所以乾坤是一切卦的總源。何止十二消息卦？所有的六十二卦，都出自乾坤。這是就總體來說的。致於個別的變卦，虞氏則以爲大壯來自无妄，夬來自履，他的易例，於此並沒有矛盾之處。」〔註385〕如此係以乾坤衍生出所有卦體的角度來解說，仔細遍察虞翻之注，「大壯本无妄」、「夬本履卦」、「中孚本无乾象，大過乾不在上」，文中之「本」究竟爲何義？係某卦本生於某卦之義？但虞翻並未說「大壯卦」由「无妄卦」而來，而是言「无妄兩象易也」，說明「大壯卦」與「无妄卦」爲兩象易之關係，且此處以甲卦本於乙卦，故以乙卦作注，甲卦與乙卦爲「兩象易」，以「兩象易」之卦來增加解說《易》理之途，故虞翻取此三卦爲增列條例，是虞翻擴展解《易》之法。

〔註381〕《周易正義》，頁168。
〔註382〕同註381，頁168。
〔註383〕同註381，頁168。
〔註384〕《周易集解》，頁368。
〔註385〕〈虞翻易說探原〉，頁121。

－231－

第四節　其它《易》學體例

一、中

卦之六爻，以二爻為內卦之中，五爻為外卦之中，但初爻至上爻之六個爻位的中間位置為三、四兩爻，上述各種情狀於虞翻《易》學條例中皆有，下文則分類以述之。

（一）以二爻為「中」

二爻為內卦、下卦之中位，故又稱「下之中」，見乾卦《文言傳》「九二曰：『見龍在田，利見大人。』何謂也？子曰：龍德而正中者也。」注曰：

「中」，下之中；二非陽位，故明言能「正中」也。〔註386〕

二爻之位為下卦之中位，乾卦九二爻為陽，二爻正位為陰，故需經由變動而得正，方得稱「正中」。而離卦卦辭注曰：「柔麗中正」〔註387〕以六二爻之陰柔處中且正；大過卦卦辭注曰：「謂二也；剛過而中」〔註388〕大過卦九二之陽剛，失位有過，又居下卦之中；升卦卦辭注曰：「剛中而應」〔註389〕升卦九二爻為陽剛，居中位而應六五之爻；既濟卦卦辭注曰：「坤五之乾二，得正處中」〔註390〕，上文皆「中」、「中正」說明二爻所居之中位。

又有以「時中」、「處中」說明二爻者，如蒙卦卦辭注曰：「時中也。」〔註391〕、恆卦九二爻注曰：「處中多譽」〔註392〕、巽卦六四爻注曰：「處中應五」〔註393〕。而以二爻居中位而稱「得中」，如訟卦卦辭注曰：「三來之二得中」〔註394〕訟卦由遯卦而來，遯卦三爻來至二爻之中位；同人《象傳》注曰：「二得中應乾」〔註395〕謂同人卦旁通師卦，師卦九二為陽，處中位；臨卦九二爻注曰：「得中」〔註396〕謂九二爻居中位；晉卦六二爻注曰：「得

〔註386〕《周易集解》，頁10。
〔註387〕同註386，頁153。
〔註388〕同註386，頁145。
〔註389〕同註386，頁225。
〔註390〕同註386，頁302。
〔註391〕同註386，頁42。
〔註392〕同註386，頁165。
〔註393〕同註386，頁280。
〔註394〕同註386，頁51。
〔註395〕同註386，頁85。
〔註396〕同註386，頁110。

位處中」〔註397〕六二爻居中得正；解卦九二爻注曰：「之正得中」〔註398〕九二爻之正，由陽變陰且得中其位；歸妹卦六五爻注曰：「『姊袂』謂二，得中應五，」〔註399〕歸妹卦九二爻得中而應六五之爻。

二爻為下卦之中，「中」而相對有外，故引申有包覆之義，如泰卦九二爻注曰：「在中稱『包』」〔註400〕、姤卦九二爻注曰：「在中稱包」〔註401〕皆以九二爻位居中位象徵物之包覆在外。

（二）以五爻為「中」

需卦九二爻《小象傳》注曰：「『中』謂五也」〔註402〕、坎卦九五爻《小象傳》注曰：「體屯五中」〔註403〕、節卦九五爻《小象傳》注曰：「五為中」〔註404〕五爻稱中位，五爻體上卦之中位，故又為「上中」，比卦九五爻《小象傳》『顯比』之『吉』，位正中也；舍逆取順，『失前禽』也；『邑人不誡』，上使中也。」注曰：

> 謂離象明，正上中也。……〔註405〕

比卦初爻、三爻變動之後而成離之明象，然比卦九五之爻，處正位且位於上卦之中，曰「正上中」。又夬卦九五爻注曰：「五在上中」〔註406〕、升卦九三爻《小象傳》注曰：「上得中」〔註407〕、鼎卦《象傳》注曰：「柔謂五，得上中」〔註408〕所謂「上中」即為五爻居中位之意，「上卦」、「外卦」虞翻亦稱為「大」，故五爻有「大中」之名，如大有卦卦辭注曰：「柔得尊位，大中應天而時行」〔註409〕以「大中」指稱陰爻居上卦之五爻中位。但若五爻為陽，則稱「剛中」，兌卦卦辭注曰：「剛中而柔外」〔註410〕。

〔註397〕《周易集解》，頁175。
〔註398〕同註397，頁197。
〔註399〕同註397，頁267。
〔註400〕同註397，頁77。
〔註401〕同註397，頁219。
〔註402〕同註397，頁49。
〔註403〕同註397，頁152。
〔註404〕同註397，頁293。
〔註405〕同註397，頁64。
〔註406〕同註397，頁215。
〔註407〕同註397，頁227。
〔註408〕同註397，頁246。
〔註409〕同註397，頁88。
〔註410〕同註397，頁282。

　　五爻之位，虞翻常以「得中」代之，如睽卦卦辭注曰：「『小』謂五，陰稱小，得中陰剛」〔註411〕、蹇卦卦辭注曰：「五在坤中，坎爲月……往得中」〔註412〕、未濟卦卦辭注曰：「柔得中」〔註413〕、鼎卦卦辭注曰：「得中應乾五剛」〔註414〕、小過卦卦辭注曰：「柔得中而應乾剛……晉坤爲事，柔得中」〔註415〕其言不論陽爻、陰爻皆處五爻之位。

　　五爻若爲得正爲陽，常曰「得位正中」、「得位居中」、「得位處中」、「中正」等，如需卦卦辭注曰：「得位正中」〔註416〕、比卦九五爻注曰：「五貴多功，得位正中」〔註417〕、泰卦六五爻注曰：「謂五變體離，……得位正中」〔註418〕、隨卦九五爻《小象傳》注曰：「凡五言『中正』，『中正』皆陽得其正」〔註419〕、觀卦六三爻《小象傳》注曰：「臨震進之五，得正居中」〔註420〕、觀卦九五爻注曰：「陽爲君子，在臨二失位，之五得道處中」〔註421〕、坎卦九五爻注曰：「得位正中」〔註422〕、萃卦九五爻注曰：「得正居中」〔註423〕、漸卦九五爻注曰：「得正居中」〔註424〕、巽卦九五爻《小象傳》注：「居中得位」〔註425〕、節卦九五爻注曰：「得正居中」〔註426〕、晉卦六二爻注曰：「謂五已正中」〔註427〕、小畜卦《象傳》注曰：「五剛中正」〔註428〕、泰卦六四爻注曰：「謂二上，體坎，中正，」〔註429〕、觀卦

〔註411〕《周易集解》，頁186。
〔註412〕同註411，頁191。
〔註413〕同註411，頁306。
〔註414〕同註411，頁245。
〔註415〕同註411，頁298。
〔註416〕同註411，頁47。
〔註417〕同註411，頁64。
〔註418〕同註411，頁79。
〔註419〕同註411，頁104。
〔註420〕同註411，頁114。
〔註421〕同註411，頁115。
〔註422〕同註411，頁152。
〔註423〕同註411，頁224。
〔註424〕同註411，頁262。
〔註425〕同註411，頁281。
〔註426〕同註411，頁293。
〔註427〕同註411，頁175。
〔註428〕同註411，頁66。
〔註429〕同註411，頁78。

《象傳》注曰：「『中正』謂五」〔註 430〕、離卦《象傳》注曰：「『柔』謂五陰，『中正』謂五伏陽」〔註 431〕、益卦卦辭注曰：「二利往坎應五，……中正有慶也」〔註 432〕、節卦卦辭注曰：「五當位以節，中正以通」〔註 433〕、節卦《象傳》注曰：「『中正』謂五」〔註 434〕。

　　虞翻更以五爻之位，居中得正稱「中和」，如大壯卦六五爻注曰：「四動成泰，坤爲喪也，乾爲易，四上之五，兌還屬乾，故『喪羊于易』。動各得正，而處中和，故『无悔』矣。」〔註 435〕大壯卦四爻變動而成泰卦，泰卦上卦爲坤，下卦爲乾，坤有喪之逸象，乾有易之逸象，然大壯卦四爻上升與五爻相易，使原本於大壯卦三至五爻互體之兌，其象處泰卦下卦乾象之中，兌爲羊，曰「喪羊于易」，然大壯卦四、五爻失位，動而得正，五爻爲陽，居中位，有「中和」之象。

　　總合上述可知，二爻、五爻爲卦爻之中，因此虞翻注曰：「位非二、五，故『不中』也。」〔註 436〕、兌卦《象傳》注曰：「『剛中』謂二、五」〔註 437〕。

（三）以三、四爻為「中」

　　益卦六三爻「益之用凶事，无咎，有孚，中行告公用圭。」注曰：

　　　坤爲事，三多凶，上來益三得正，故「益用凶事，无咎」。「公」謂
　　　三伏陽也，三動體坎，故「有孚」；震爲行〔註 438〕，爲告，位在中，
　　　故曰「中行」……〔註 439〕

益卦二至四爻互體爲坤，坤爲事，三爻多凶，上爻與三爻互易而得正，曰「益

〔註 430〕《周易集解》，頁 112。
〔註 431〕同註 430，頁 154。
〔註 432〕同註 430，頁 204。
〔註 433〕同註 430，頁 290。
〔註 434〕同註 430，頁 291。
〔註 435〕同註 430，頁 172。
〔註 436〕同註 430，頁 20。
〔註 437〕同註 430，頁 282。
〔註 438〕《周易集解》原文爲：「震爲中行。」張惠言《張惠言易學十書·周易虞氏義》云：「震爲行，爲告，中字誤衍耳。」張惠言著：《張惠言易學十書》（臺北：廣文書局，1977 年），頁 192。震有行之逸象，且後文「位在中」，係指益卦從初爻至上爻之全卦而言，三爻爲全卦爻之中位，與二爻、五爻於下卦、上卦之中位，其意不同，然既後文又再次言說「位在中」，可見前文「震爲中行」之「中」爲衍文，故當從張惠言之說。
〔註 439〕同註 430，頁 207。

用凶事，无咎」，六三爻下伏其陽，三爻變動而二至四爻互體爲坎，坎有孚之逸象，曰「有孚」，益卦下卦爲震，震爲中行、爲告，六三之爻位在中，故稱「中行」，以三爻爲「中」，全然以爻位處中而言之。又有以四爻爲「中」者，如大壯卦九四爻注曰：「失位，悔也；之正得中」〔註440〕、益卦六四爻注曰：「『中行』謂正，位在中，震爲行、爲從，故曰『中行』。」〔註441〕，故可知虞翻「中」有稱二爻、五爻爲上下卦之中位，亦稱三、四兩爻位於六爻卦之中間者。

此外，虞翻《易》注中有言「得中」，以「中」爲「內」之意，如漸卦《象傳》注曰：「三在外體之中，故稱『得中』」〔註442〕謂三爻係處於外卦之內，故曰「得中」，雖三爻在六個爻位中，所居於中間之位，但此「中」並非其位於中，而以「內」爲解，此爲名之爲「中」，但與象數條例之「中」，非爲同類。

二、伏

虞翻以「伏」說明卦體陽爻之下潛伏著陰爻，陰爻之下潛伏著陽爻，亦擴展至三爻畫之卦，「伏」爲爻位陰陽皆相反之卦，如條例中某卦與某卦「旁通」，其意相似，但因「伏」所運用範圍較廣，不僅用於三爻畫之卦，更可指稱某爻下伏著陰陽爻性相反之爻，虞翻稱此爲「伏」，於《易》注中亦稱「隱」、「藏」、「伏藏」及「應」。

（一）陽爻與陰爻之伏

陰陽爻下皆伏與自己爻性相反之爻，如觀卦初六爻「童觀，小人无咎，君子吝。」注曰：

> 艮爲童，陰小人，陽君子；初位賤，以小人乘君子，故「无咎」；陽
> 伏陰下，故「君子吝」矣。〔註443〕

觀卦以三至五爻互體爲艮，艮爲童，又「陰小人，陽君子」，觀卦初爻爲陰，處低賤之位，爲小人，乘於其下所伏之陽爻君子之上。如有：大過卦《大象傳》注曰：「『君子』謂乾初，陽伏巽中」〔註444〕、離卦《象傳》注曰：「『柔』

〔註440〕《周易集解》，頁172。
〔註441〕同註440，頁207。
〔註442〕同註440，頁259。
〔註443〕同註440，頁113。
〔註444〕同註440，頁146。

謂五陰，『中正』謂五伏陽」〔註445〕、睽卦《象傳》注曰：「『剛』謂應乾五伏陽」〔註446〕、解卦《大象傳》注曰：「『君子』謂三伏陽」〔註447〕、解卦上六爻注曰：「『公』謂三伏陽也」〔註448〕、益卦六三爻注曰：「『公』謂三伏陽也」〔註449〕、困卦《大象傳》注曰：「『君子』謂三伏陽也」〔註450〕、《繫辭下傳》注曰：「三伏陽……三伏陽爲君子」〔註451〕、《繫辭下傳》注曰：「巽初陽入伏陰下」〔註452〕、《雜卦傳》注曰：「巽乾初入陰，故『伏』也。」〔註453〕。

「伏」之條例，於虞翻《易》注中有些不稱「伏」之名，但實際上有「伏」之意，如井卦初六爻《小象傳》「『井泥不食』，下也；『舊井无禽』，時舍也。」注曰：

　　……乾爲舊，位在陰下，故「舊井无禽，時舍也」；謂時舍於初，非其位也，與乾二同義。〔註454〕

井卦由泰卦而來，泰卦下卦爲乾，乾爲舊，井卦初爻之陽伏於陰下，曰「位在陰下」，表面文字並無「伏」之字樣，但實爲初六之下伏有陽爻之意。如睽卦卦辭注曰：「『小』謂五，陰稱小，得中陰剛」〔註455〕謂睽卦六五之陰其下所伏之陽剛，鼎卦初六爻《小象傳》注曰：「出初之四，承乾五」〔註456〕謂鼎卦伏在五爻之陰下的乾陽，曰「承乾五」；節卦六三爻注曰：「三節家君子也」〔註457〕以陽爻稱君子，節卦六三爲陰，爻下所伏之陽則稱君子。

「伏」亦可稱「應」，如鼎卦卦辭「元吉，亨。」注曰：

　　大壯上之初，與屯旁通，天地交，柔進上行，得中應乾五剛，故「元吉，亨」也。〔註458〕

〔註445〕《周易集解》，頁154。
〔註446〕同註445，頁187。
〔註447〕同註445，頁196。
〔註448〕同註445，頁198。
〔註449〕同註445，頁207。
〔註450〕同註445，頁230。
〔註451〕同註445，頁374。
〔註452〕同註445，頁401。
〔註453〕同註445，頁442。
〔註454〕同註445，頁238。
〔註455〕同註445，頁186。
〔註456〕同註445，頁247。
〔註457〕同註445，頁293。
〔註458〕同註445，頁245。

鼎卦爲大壯卦上爻與四爻相易，大壯卦爲十二消息卦，陽爻爲乾，陰爻爲坤，乾坤相易故曰「天地交」，鼎卦六五之爻得其中位，與其下所伏之陽剛相「應」，曰「應乾五剛」，此應並非初爻、四爻，二爻、五爻，三爻、上爻之相應關係。同其例有鼎卦《象傳》注曰：「『柔』謂五，得上中，應乾五剛」〔註459〕、小過卦卦辭注曰：「柔得中而應乾剛」〔註460〕。此外「伏」又稱之爲「伏藏」、「隱」或「藏」，如《繫辭下傳》注曰：「『利生』，謂陽出震，陰伏藏」〔註461〕震卦初爻爲陽，初爻之陽下伏藏著陰；《說卦傳》注曰：「巽陽隱初……巽陽藏室」〔註462〕謂巽卦初爻爲陰，陰下隱者、藏著陽爻。

（二）三爻畫之伏

「伏」亦可用於三爻畫之卦體，如蒙卦九二爻「包蒙吉，納婦吉，子克家。」注曰：

> ……震剛爲夫，伏巽爲婦，二以剛接柔，故「納婦吉」。二稱「家」。
>
> 震爲長子，主器者，納婦成初，故有子克家也。〔註463〕

蒙卦二至四爻互體爲震，震爲夫，三爻畫之震下伏一「巽」象，巽有婦之逸象，而九二爻以剛接柔，有夫納婦之象，故曰「納婦吉」。以三爻畫之卦來相「伏」，另外尚有蒙卦上九爻注曰：「巽爲高」〔註464〕如上述之文，互體之震，其下伏巽，以巽爲高，大畜卦九三爻注曰：「坤爲車輿，乾人在上」〔註465〕謂大畜卦下卦爲乾，大畜卦與萃卦旁通，萃卦下卦爲坤，故大畜卦之乾，其下伏有坤之象，坤爲車輿，乾爲人，人在其上，夬卦《大象傳》注曰：「『下』爲剝坤，坤爲眾臣，以乾應坤」〔註466〕謂夬卦下卦爲乾，剝卦下卦爲坤，夬卦之乾下伏其坤，鼎卦九三爻注曰：「伏坎震折而入乾」〔註467〕鼎卦上卦爲離，離伏有坎之象，下卦爲巽，巽伏有震之象，如今所伏之坎、震折入鼎卦二至四爻互體之乾中，因此可知以鼎卦上、下卦下所伏之三畫卦

〔註459〕《周易集解》，頁246。
〔註460〕同註459，頁298。
〔註461〕同註459，頁371。
〔註462〕同註459，頁409。
〔註463〕同註459，頁45。
〔註464〕同註459，頁46。
〔註465〕同註459，頁139。
〔註466〕同註459，頁213。
〔註467〕同註459，頁248。

爲易解，震卦上六爻注曰：「震東兌西」〔註468〕謂震卦上卦爲震，震下伏兌，
震爲東，兌爲西，兌卦上六爻注曰：「艮爲手」〔註469〕謂兌卦上卦爲兌，兌下
伏艮，艮有手之逸象，《繫辭上傳》注曰：「比坤爲順，……坤伏乾下」〔註470〕
謂比卦下卦爲坤，坤下伏乾，復卦《大象傳》注曰：「姤巽伏初……今隱復
下」〔註471〕謂復卦旁通姤卦，姤卦下卦爲巽，其巽爲復卦下卦震象之隱。

三、承

　　處下之爻爲陰承於其上之陽爻，即爲「承」，所示如（☳），虞翻又稱爲
「順」，有似陰爻對陽爻之承服與順從，但仔細觀察虞翻「承」之條例，可分
以下幾種不同類別之承。

（一）陰爻上「承」陽爻

　　此類之「承」，即爲兩相連之爻位，處下爲陰爻上承陽爻，然處下之陰爻，
常因所居爲奇、偶之位而有「得位」、「失位」之別，得位承上者如小畜卦六
四爻「有孚，血去惕出，无咎。」注曰：

　　　「孚」謂五。豫坎爲血，爲惕；惕，憂也。震爲出，變成小畜，坎

　　　象不見，故「血去惕出」。得位承五，故「无咎」也。〔註472〕

小畜卦與豫卦旁通，豫卦三至五爻互體爲坎，坎有血、惕之逸象，豫卦上卦
爲震，震爲出，然今豫卦旁通爲小畜卦，豫卦之象盡失，故曰「血去惕去」，
小畜卦六四之陰承九五之陽，係「得位」且「承五」，五爲孚，故无咎。其
例尙有隨卦六三爻注曰：「得位遠應，利上承四」〔註473〕、坎卦六四爻注曰：
「得位承五」〔註474〕、旅卦六二爻《小象傳》注曰：「得正承三」〔註475〕、
節卦六四爻注曰：「得正承五」〔註476〕、小過卦六二爻注曰：「止如承三得
正」〔註477〕。或以所處爻位之特性而言「承」者，如蒙卦六五爻「童蒙，

〔註468〕《周易集解》，頁254。
〔註469〕同註468，頁258。
〔註470〕同註468，頁353。
〔註471〕同註468，頁131。
〔註472〕同註468，頁68。
〔註473〕同註468，頁103。
〔註474〕同註468，頁152。
〔註475〕同註468，頁275。
〔註476〕同註468，頁293。
〔註477〕同註468，頁300。

吉。」注曰：

艮爲童蒙。處貴承上，有應於二，動而成巽，故「吉」也。〔註478〕

蒙卦上卦爲艮，艮有童蒙之逸象，六五陰爻承上爻之陽，故曰「處貴承上」，又與二爻相應，變動而蒙卦上卦成巽。

陰爻位於初、三、五爻則爲失位，但又上承陽爻，則稱「失位承某」，如噬嗑卦六三爻「噬腊肉，遇毒，小吝，无咎。」注曰：

……失位承四，故「小吝」；與上易位，利用獄，成豐，故「无咎」

也。〔註479〕

噬嗑卦三爻爲陰，失位而承九四陽爻，故曰「小吝」。又姤卦九二爻注曰：「二雖失位，陰陽相承」〔註480〕亦如其說。但大部份易注中以「承」言上下爻位陰陽相承關係，如大過卦初六爻注：「承二」〔註481〕、漸卦卦辭注曰：「坤三之四承五」〔註482〕、漸卦《象傳》注曰：「四進承五」〔註483〕、漸卦六二爻《小象傳》注曰：「承三應五」〔註484〕、歸妹卦上六爻注曰：「三柔承剛」〔註485〕、渙卦初六爻《小象傳》注曰：「承二，故『順』也。」〔註486〕，以「承」爲「順」，故《易》注中有「順」稱「承」之條例者，待後文說之。總合上述之例，得知「承」爲陰爻上承陽爻，但虞翻有以多個陰爻上承一陽爻之例，如頤卦上九爻「由頤，厲，吉；利涉大川。」注曰：

「由」，自從也。體剝居上，眾陰順承，故「由頤」。……〔註487〕

頤卦可經「四爻連互」、「五爻連互」而體剝卦，剝卦一陽在上，五陰在下，五個陰爻順承上九陽爻，曰「眾陰順承」，此例亦爲「承」，但所承陽爻之陰，不爲其下一個陰爻，而以眾陰之爻爲主，可見虞翻在《易》學條例中常延伸變化。

（二）陰陽爻需經「變」而相承

下爻爲陰以承其上之陽，稱爲「承」，但卦體中常位居下爻者不爲陰而爲

〔註478〕《周易集解》，頁46。
〔註479〕同註478，頁117。
〔註480〕同註478，頁219。
〔註481〕同註478，頁146。
〔註482〕同註478，頁259。
〔註483〕同註478，頁259。
〔註484〕同註478，頁260。
〔註485〕同註478，頁267。
〔註486〕同註478，頁288。
〔註487〕同註478，頁144。

陽，故需經過變動，方得承上陽，如坤卦六四「括囊、无咎、无譽。」注曰：

> ……在外多咎也，得位承五，繫于包桑，故「无咎」；陰在二多譽，
>
> 而遠在四，故「无譽」。〔註488〕

此說立於十二消息卦，陽爻上升至三爻而成泰卦，泰卦與否卦爲互反，「在外多咎」謂否卦九四之爻，居於外卦，爻位吉凶貴賤說以四爻爲凶，《繫辭下傳》曰：「二與四同功而異位，其善不同：二多譽，四多懼。」〔註489〕「四多懼」故曰「多咎」，又言「得位」，因此可知九四陽爻變動而成六四陰爻，上承九五之爻。如小畜卦九五爻注曰：「二變承三」〔註490〕、履卦九四爻《小象傳》注曰：「變體坎，得位、承五、應初」〔註491〕、同人卦九四爻注曰：「變而承五」〔註492〕、无妄卦《象傳》注曰：「變四承五」〔註493〕、无妄卦初九爻注曰：「四變得位，承五應初」〔註494〕、无妄卦九四爻注曰：「動則正……承五應初」〔註495〕、无妄卦九四爻《小象傳》注曰：「動陰承陽」〔註496〕、遯卦九四爻注曰：「動之初……得位承五」〔註497〕、夬卦九四爻注曰：「謂四之正，得位承五」〔註498〕、姤卦九五爻注曰：「謂四隕之初，初上承五」〔註499〕、姤卦九五爻《小象傳》注曰：「欲初之四承己」〔註500〕、萃卦九四爻注曰：「動而得正，承五應初」〔註501〕、革卦六二爻《小象傳》注曰：「四動承五」〔註502〕、革卦上六爻注曰：「『面』謂四，革爲離，以順承五」〔註503〕、歸妹卦初六爻《小象傳》注曰：「恆動初承二」〔註504〕、

〔註488〕《周易集解》，頁30。
〔註489〕《周易正義》，頁175。
〔註490〕同註488，頁68。
〔註491〕同註488，頁72。
〔註492〕同註488，頁87。
〔註493〕同註488，頁134。
〔註494〕同註488，頁135。
〔註495〕同註488，頁136。
〔註496〕同註488，頁136。
〔註497〕同註488，頁169。
〔註498〕同註488，頁215。
〔註499〕同註488，頁220。
〔註500〕同註488，頁220。
〔註501〕同註488，頁224。
〔註502〕同註488，頁242。
〔註503〕同註488，頁244。
〔註504〕同註488，頁265。

兌卦九四爻注曰：「變之坎……得位承五」〔註505〕等皆以變動後之陰爻來上承陽爻。

上述以位居其下之陰爻爲變動目標，但所被承之上爻應爲陽爻，若爲陰爻亦需經過變易來改變爻性，如大畜卦六四爻「童牛之牿，元吉」注曰：

> 艮爲童，五已之正，……得位承五，故「元吉」而「喜」。「喜」謂五也。〔註506〕

大畜卦六五陰爻之正，六四陰爻承其九五陽爻，而稱元吉之喜。同此例者有損卦六四爻注曰：「四謂二也，四得位，遠應初，二疾上五，已得承之；……二上體觀，得正承五」〔註507〕、益卦六二爻注曰：「二得正遠應，利三之正，已得承之」〔註508〕、艮卦六四爻注曰：「得位承五……五動則四體離婦……得正承五，而受陽施」〔註509〕。

上、下爻位皆不符其爻性而變易者如恆卦九四爻「田无禽」注曰：

> ……九四失位，利二上之五，已變承之，故曰「田无禽」。〔註510〕

恆卦九四之爻失位而動，又六五、九二相應而動，以四爻、五爻皆經變易而相承，又鼎卦初六爻《小象傳》注曰：「出初之四，承乾五」〔註511〕謂鼎卦初爻與四爻相易，而成大畜卦，六四陰爻上承六五之陰下所伏的陽爻；震卦《象傳》注曰：「懼，變承五應初……謂五，出之正」〔註512〕謂震卦九四之爻驚懼而變動得位，六五陰爻也透過之正而成九五陽爻，六四爻上承九五爻。上述三例上、下爻位之爻性皆透過變動，而有相承關係。

不論居上需變易爲陽爻，居下需變動爲陰爻，或上、下爻位皆需之正，可觀其特色有：其一，當某卦之爻就爻辭注解時，虞翻不以注解當卦之爻辭來說明「承」，而常以其它爻位與其上之陽爻爲「相承」關係。其二，當需變動陰陽以符合相承之爻性時，其變動之法有二，一是陽爻自己變易爲陰爻，或陰爻自己之正成爲陽爻，二爲陰陽爻與相對應之爻位相互移易，來改變爻性。將「承」之體例細分，故知處下之陰爻上承陽爻，當陰陽爻位不符合相

〔註505〕《周易集解》，頁 284。
〔註506〕同註 505，頁 139。
〔註507〕同註 505，頁 202。
〔註508〕同註 505，頁 206。
〔註509〕同註 505，頁 256～257。
〔註510〕同註 505，頁 165。
〔註511〕同註 505，頁 247。
〔註512〕同註 505，頁 251。

承之際，以居下之陰爻爲變動之常，有如巧遇事物需有一方承順之時，則以陰爻爲變，《文言傳》曰：「坤道其承天而時行。」〔註513〕此外，「承」係以居下之陰爻承其上之陽爻，而當以陰爻爲主體，故亦以陰爻之變爲多。

（三）陰陽爻位「相隔」而承

「承」之常例係以兩兩相互並連之爻位，居下爲陰爻，處上爲陽爻，彼此間有相承關係，但虞翻以不相連之陰爻、陽爻，中間相隔而稱「承」者，如隨卦六二爻「係小子，失丈夫」注曰：

> 應在巽，巽爲繩，故稱「係」。「小子」謂五，兌爲少，故曰「小子」；「丈夫」謂四，體大過老夫，故稱「丈夫」。承四隔三，故「失丈夫」。……〔註514〕

隨卦六二與九四相應，九四處三至五爻互體巽中，巽爲繩，曰「係」，隨卦上卦爲兌，兌爲少，九五陽爻爲小子，隨卦三至上爻經「四爻連互」而體大過卦，大過卦九二爻注曰：「老夫得其女妻」〔註515〕有老夫之象，四爻爲「丈夫」，六二陰爻承九四陽爻，其中隔著六三之爻，故曰「失丈夫」。又坎卦六三爻注曰：「承五隔四」〔註516〕、既濟卦九五爻注曰：「承五順三」〔註517〕謂既濟卦六二爻既承九三爻又隔著三、四爻上承九五爻，上文皆爲位居其下之陰爻需經過相隔之爻，方得以上承陽爻。

亦有居下陰爻經由變動而與上相隔之陽爻相承，如鼎卦上九爻注曰：「三動承上」〔註518〕謂鼎卦九三之爻經變動而爲六三陰爻，隔其四、五爻與上九陽爻相承，由此類可知虞翻「承」之體例變化多端，尚能跨越中間幾個爻位而與居上之陽爻有「承」之關係。

（四）以「順」稱陰陽相承

「承」亦可之爲「順」，上述之例已見注文中既稱「承」又稱「順」，而以「順」代「承」之體例，如漸卦六四爻《小象傳》「『或得其桷』，順以巽也。」注曰：

〔註513〕《周易正義》，頁20。
〔註514〕《周易集解》，頁103。
〔註515〕同註514，頁70。
〔註516〕同註514，頁151。
〔註517〕同註514，頁305。
〔註518〕同註514，頁249。

坤爲順，以巽順五。〔註519〕

漸卦上卦爲巽，六四爻居上卦，因此稱「以巽順五」，即六四爻上承九五爻，同其例如漸卦六四爻注曰：「得位順五」〔註520〕、巽卦卦辭注曰：「遯二之四，柔得位而順五剛」〔註521〕、渙卦六四爻注曰：「得位順五」〔註522〕、渙卦九五爻注曰：「正位居五，四陰順命」〔註523〕、小過卦卦辭注曰：「下陰順陽」〔註524〕、《繫辭上傳》注曰：「大有五以陰順上」〔註525〕。然居下之陰非僅爲一個陰爻，虞翻有以多個陰爻來順承居上之陽爻，如《繫辭上傳》「子曰：『君子居其室，出其言善，則千里之外應之，況其邇者乎！居其室，出其言不善，則千里之外違之，況其邇者乎！言出乎身，加乎民；行發乎邇，見乎遠。言行，君子之樞機。樞機之發，榮辱之主也。言行，君子之所以動天地也，可不愼乎？』」注曰：

> 「君子」謂初也，二變五來應之，……此亦成益卦也。謂二變則五來應之，體益卦，坤數十，……「邇」謂坤，坤爲順，二變順初，故「況其邇者乎」；此信及豚魚者也。謂初陽動，入陰成坤，坤爲不善也。謂初變體剝，弒父弒君，二陽肥遯，則坤違之而承於五，故「千里之外違之，況其邇者乎」。……〔註526〕

此謂中孚卦九二爻位不正而變，以應九五陽爻，成其益卦，益卦二至四爻互體而成坤，又初爻變動，由陽變陰，而入於二至四爻互體之坤陰中，「坤違之而承於五」謂二至四爻互體之坤與初爻變易後之陰爻相違，反而與其上九五陽爻相承，此處居下之陰不爲一個陰爻，而是由二至四爻互體而成之坤陰所構成。

（五）名爲「承」、「順」，實則非也

虞翻《易》注中以「承」稱上下陰陽爻位關係，但部份注文中雖名之爲「承」、「順」，但實際爲非，如蠱卦六五爻《小象傳》注曰：「變二使承五，」

〔註519〕《周易集解》，頁 262。
〔註520〕同註519，頁 262。
〔註521〕同註519，頁 278。
〔註522〕同註519，頁 289。
〔註523〕同註519，頁 290。
〔註524〕同註519，頁 298。
〔註525〕同註519，頁 352。
〔註526〕同註519，頁 327～328。

〔註 527〕謂蠱卦九二陽爻變爲陰爻以承六五，係以六二之陰承六五之陰；兌卦卦辭注曰：「二失正，動應五承三」〔註 528〕、兌卦《象傳》注曰：「二變順五承三」〔註 529〕皆謂兌卦九二爻失正而動，以陰承六三之陰。

亦有以陽承陰之例，如蹇卦初六爻注曰：「變而得位，以陽承二」〔註 530〕謂蹇卦初六失位而變，初九之陽上承六二陰爻，則實非「承」也。另有以「順」稱「承」，但實無承順之義，如《繫辭上傳》注曰：「『邇』謂坤，坤爲順，二變順初」〔註 531〕此指中孚卦九二爻，經二爻變動以應九五，而成益卦，益卦二至四爻互體爲坤，坤爲順，六二變成九二，九二以「順」初，則係以居上之陽「承順」其下之陽，上述之例皆爲與「承」體例相違者。

四、據

「據」與「承」其陰陽上下爻位皆同，比鄰兩爻而陽爻在上、陰爻在下，如（▀▀），所不同之處「據」係立於陽爻角度而言，以居上之陽據其下之陰，本文將虞翻《易》注之「據」分類說明。

（一）陽爻下「據」陰爻

蒙卦九二爻「包蒙吉，納婦吉，子克家。」注曰：

> 坤爲包。應五據初，初〔註 532〕與三、四同體，包養四陰，故「包蒙吉」。……〔註 533〕

蒙卦三至五爻互體爲坤，坤有包之逸象，九二陽爻相應六五陰爻，又「據」其下之初爻，初爻爲陰。如其例者尚有隨卦九四爻注曰：「謂獲三也。失位相據」〔註 534〕、无妄卦六三爻注曰：「乾四據三」〔註 535〕、坎卦九二爻注

〔註 527〕《周易集解》，頁 108。
〔註 528〕同註 527，頁 282。
〔註 529〕同註 527，頁 282。
〔註 530〕同註 527，頁 193。
〔註 531〕同註 527，頁 327。
〔註 532〕孫堂作「初與三、四同體」，《周易集解》作「一與三、四同體」，卦爻中爻位之首稱「初」而非「一」，故此當作「初與三、四同體」。〔清〕孫堂撰：《虞翻周易注》（臺北：成文出版社《求無備齋易經集解》，1976 年），頁 488。
〔註 533〕同註 527，頁 45。
〔註 534〕同註 527，頁 103。
〔註 535〕同註 527，頁 136。

曰：「據陰有實」〔註536〕、蹇卦九三爻注曰：「反身據二」〔註537〕、姤卦九二爻注曰：「二據四應」〔註538〕此謂九二陽爻據九四爻相應初六；鼎卦九二爻注曰：「二據四婦」〔註539〕此例與其上之例相同；鼎卦上九爻注曰：「位貴據五」〔註540〕。

（二）經「變易」爻性而相據

此類可細分爲兩種，一爲兩爻相據之爻性，非居上爲陽爻、處下爲陰爻，而自變其爻性以符合體例者，二爲兩爻之爻性不符，故與相應之爻位相互變易。歸屬第一類如賁卦《象傳》「文明以止，人文也。」注曰：

> ……震動，離明，五變據四，二、五分則止文三，故以三爲「人文」
> 也。〔註541〕

賁卦五爻爲陰，要「據」其下四爻之陰則不合，故六五陰爻變動而爲九五陽爻，曰「五變據四」。又損卦上九爻注曰：「二、五已動成益，坤爲臣，三變據坤」〔註542〕皆爲不符爻性之爻已有所變。

第二類係與對應之爻互易而改變爻性，如泰卦九三爻「艱貞无咎；勿恤其孚，于食有福。」注曰：

> ……二之五得正，在坎中，故「艱貞」。……；二上之五，據四，則
> 三乘二，故「于食有福」也。〔註543〕

泰卦經二爻與五爻互易後，而得正爲既濟卦，既濟卦九五陽爻據其下六四陰爻。又如漸卦《象傳》注曰：「……謂初已變，爲家人，……三變震爲動，上之三據坤」〔註544〕謂漸卦初爻變動而成家人卦，家人卦在經三爻變而成益卦，益卦上爻與相應之三爻互易而爲既濟卦，九三陽爻據其六二陰爻。

（三）「一個陽爻」據「多個陰爻」

「據」之體例爲相鄰兩爻，以居上之陽爻據其下之陰爻，陰陽爻各一，

〔註536〕《周易集解》，頁 151。
〔註537〕同註 536，頁 193。
〔註538〕同註 536，頁 219。
〔註539〕同註 536，頁 247。*
〔註540〕同註 536，頁 249。
〔註541〕同註 536，頁 120。
〔註542〕同註 536，頁 203。
〔註543〕同註 536，頁 78。
〔註544〕同註 536，頁 259～260。

然虞翻有以一個陽爻據兩個、三個及五個陰爻者。所據爲「兩個陰爻」者，如大畜卦上九爻《小象傳》「『何天之衢』，道大行也。」注曰：

　　　謂上據二陰，乾爲天道，震爲行，故「道大行」矣。〔註545〕

大畜卦上九陽爻據六五、六四兩個陰爻，曰「上據二陰」。如遯卦九三爻注曰：「……遯陰剝陽，三消成坤，與上易位，……上來之三，據坤應兌」〔註546〕謂遯卦陰爻往上而成否卦，否卦上爻與三爻互易而爲咸卦，九三陽爻下據初六、六二兩個陰爻；損卦卦辭注曰：「泰初之上，損下益上，以據二陰」〔註547〕、艮卦上九爻注曰：「下據二陰」〔註548〕、艮卦上九爻《小象傳》注曰：「陽上據坤」〔註549〕皆爲一陽據二陰。

　　一陽據「三個陰爻」，如比卦九五爻《小象傳》注曰：「據三陰，故『取順』」〔註550〕謂比卦九五陽爻據六四、六三、六二等三個陰爻。損卦《大象傳》注曰：「『君子』泰乾，……初上據坤」〔註551〕、損卦六三爻注曰：「初之上，據坤應兌」〔註552〕皆謂損卦由泰卦而來，泰卦初爻上升至上爻之位，而其它諸爻皆下降一個爻位而成爲損卦，上九陽爻據六五、六四、六三等三個陰爻。另外尚有一陽據「五個陰爻」，如豫卦九四爻注曰：「據有五陰，坤以眾順，故『大有得』；得群陰也。」〔註553〕說明豫卦九四陽爻據初六、六二、六三、六五、上六等五個陰爻，而曰「得群陰」，此「據有五陰」之例，與「據」之體例略有不同，一般所謂「據」爲居上之陽爻據其下之陰爻，而此例爲九四陽爻據位於其上的兩個陰爻與其下的三個陰爻，稱之爲「據有五陰」，此爲「據」之變例。

（四）名爲「據」，實則非也

　　《易》注中以「據」來說明陰陽關係，但實際上並非所謂「據」之體例者，如家人卦六四爻《小象傳》注曰：「得位應初，順五乘三，比據三陽」

〔註545〕《周易集解》，頁140。
〔註546〕同註545，頁168～169。
〔註547〕同註545，頁199。
〔註548〕同註545，頁257。
〔註549〕同註545，頁257。
〔註550〕同註545，頁65。
〔註551〕同註545，頁201。
〔註552〕同註545，頁202。
〔註553〕同註545，頁99。

〔註554〕謂家人卦六四爻得位、應初九陽爻，順承九五陽爻，乘於九三陽爻，親比且據其初九、九三、九五等三個陽爻，六四陰爻與位近於己之陽爻相據，體例上非「據」之類，且還包含居上、處下之陽爻，又六四相近之陽爻，亦有上九，為何不以此為據，而與相隔較遠之初九相據，是其說不通之處，故知此「據」，非為條例之「據」。

　　而《繫辭下傳》注曰：「困本咸，……謂據二，二失位，故『非所據而據焉』」〔註555〕此係指困卦六三爻，「謂據二」上文並未有主詞，但此注為六三爻又言「據二」，故可理解為六三爻據九二爻，以位居其上之陰據居於下位之陽，但此條例實非為「據」而當改為「乘」，虞翻解「非所據而據焉」一文，雖已言此處乃「非所據」之「據」，似乎說明此例非為「據」之條例，然因此處要解「據」，而言「非所據而據焉」，此為虞翻附會經傳而改之例。

五、乘

　　所謂「乘」乃指陰爻乘於陽爻之上，如（▇▇）之圖所示，「乘」係立於上位陰爻角度而言，虞翻有重陽抑陰之思，故常有「逆陰」、「所陰所乘」之辭，又在陰乘陽後以「咎」、「險」、「凶」、「厲」、「危」、「窮」等文字作結。

（一）陰爻下「乘」陽爻

屯卦六二「屯如邅如，乘馬班如。」注曰：

　　「屯邅」、「盤桓」，謂初也。震為馬作足，二乘初，故「乘馬」。……

　　〔註556〕

屯卦初九爻為「屯邅」、「盤桓」，下卦為震，震有馬之逸象，六二陰爻「乘」初九陽爻，故曰「乘馬」，「乘」解釋為乘坐之意。其體例尚有屯卦上六爻注曰：「乘五也」〔註557〕、屯卦上六爻《小象傳》注曰：「柔乘於剛」〔註558〕、蒙卦六三爻注曰：「三逆乘二陽……三為二所乘」〔註559〕、蒙卦六三爻《小象傳》注曰：「失位乘剛」〔註560〕、師卦六五爻注曰：「三體坎，……失位

〔註554〕《周易集解》，頁185。
〔註555〕同註554，頁373。
〔註556〕同註554，頁40。
〔註557〕同註554，頁42。
〔註558〕同註554，頁42。
〔註559〕同註554，頁45～46。
〔註560〕同註554，頁46。

乘陽，逆」〔註561〕、比卦卦辭注曰：「上位在背後，无應乘陽」〔註562〕、隨卦上六爻《小象傳》注曰：「乘剛无應」〔註563〕、臨卦六三爻注曰：「失位乘陽，故『无攸利』」〔註564〕、大過卦上六爻注曰：「乘剛，咎也」〔註565〕、坎卦六三爻注曰：「三失位，乘二，則『險』」〔註566〕、大壯卦卦辭注曰：「『大』謂四，失位，爲陰所乘」〔註567〕、家人卦六四爻《小象傳》注曰：「得位應初，順五乘三」〔註568〕、夬卦上六爻注曰：「位極乘陽，故『終有凶』矣。」〔註569〕、萃卦上六爻《小象傳》注曰：「乘剛遠應，故『未安上也。』」〔註570〕、困卦上六爻注曰：「乘陽故『動悔』」〔註571〕、革卦上六爻注曰：「乘陽失正，故『征凶』」〔註572〕、震卦六二爻注曰：「『厲』危也，乘剛故『厲』。……震爲足，足乘初九」〔註573〕、震卦六五爻注曰：「『往』謂乘陽……失位乘剛」〔註574〕、震卦六五爻《小象傳》注曰：「乘剛山頂，故『危行也』」〔註575〕、歸妹卦卦辭注曰：「謂三也，四之三失正无應，以柔乘剛，故『无攸利』也。」〔註576〕、兌卦上六爻注曰：「无應乘陽」〔註577〕、節卦卦辭注曰：「謂上也，……雖得位，乘陽，故『不可貞』。」〔註578〕、節卦《象傳》注曰：「位極於上，乘陽，故『窮也』」〔註579〕、節卦上六爻注曰：「乘陽，故『貞凶』」〔註580〕、既濟卦九五爻注曰：「爲陰所

〔註561〕《周易集解》，頁59。
〔註562〕同註561，頁62。
〔註563〕同註561，頁104。
〔註564〕同註561，頁110。
〔註565〕同註561，頁148。
〔註566〕同註561，頁151。
〔註567〕同註561，頁170。
〔註568〕同註561，頁185。
〔註569〕同註561，頁216。
〔註570〕同註561，頁225。
〔註571〕同註561，頁234。
〔註572〕同註561，頁244。
〔註573〕同註561，頁252。
〔註574〕同註561，頁253。
〔註575〕同註561，頁253。
〔註576〕同註561，頁264。
〔註577〕同註561，頁285。
〔註578〕同註561，頁291。
〔註579〕同註561，頁291。
〔註580〕同註561，頁293。

乘」〔註581〕、既濟卦上六爻《小象傳》注曰：「位極乘陽，故『何可久』。」
〔註582〕、《繫辭上傳》注曰：「否上之二成困，三暴慢，以陰乘陽」〔註583〕。

　　虞翻《易》注中「伏」之條例，即謂陰爻下伏有陽爻，陽爻下伏有陰爻，
「乘」爲陰爻居於陽爻之上，但此陽爻不處六個爻位之中，而是爻下所伏之
陽，如觀卦初六爻「童觀，小人无咎，君子吝。」注曰：

> 艮爲童，陰小人，陽君子；初位賤，以小人乘君子，故「无咎」；陽
> 伏陰下，故「君子吝」矣。〔註584〕

觀卦三至五爻互體爲艮，下卦爲坤陰，陰爲小人，初爻處六爻中最低下之位，
「陰小人，陽君子」、「以小人乘君子」，初爻爲陰，初爻之小人乘於君子之上，
而此君子係爲初爻下所伏之陽，此爲虞翻將「乘」與「伏」兩條例相互結合
運用。

（二）經「變動」而乘

　　所謂「變動」乃爲陰陽爻性不符「乘」之體例而有所變易，其變可分「居
處上位者之變」、「居處下位者之變」、「兩爻位皆變」，而「居處上位者之變」
如訟卦上九爻「終朝三褫之」注曰：

> 位終乾上，二變時，坤爲終。離爲日，乾爲甲，日出甲上，故稱「朝」。
> 應在三，三變時，艮爲手，故「終朝三抁之」。使變應己，則去其鞶
> 帶；體坎乘陽，故《象》曰：「不足敬也。」〔註585〕

訟卦上卦爲乾，九二陽爻變動而下卦爲坤，坤爲終，曰「位終乾上」，訟卦
二至四爻互體爲離，離爲日，乾爲甲，日出甲上曰「朝」，上爻所應爲三爻，
六三變易而下卦爲艮，艮有手之逸象，曰「終朝三抁之」，三爻變易後，相
應之上爻亦隨之變動，訟卦四爻經變動而上卦爲巽，巽有鞶帶之象，但如今
上爻變動而巽象消失，則曰「去其鞶帶」，上卦爲坎，上六陰爻下乘九五陽
爻。同其例有履卦九五爻《小象傳》注曰：「謂三、上已變，體夬象，……，
爲上所乘，故『貞厲』」〔註586〕、无妄卦卦辭注曰：「非正，謂上也；四已

〔註581〕《周易集解》，頁305。
〔註582〕同註581，頁306。
〔註583〕同註581，頁332。
〔註584〕同註581，頁113。
〔註585〕同註581，頁55。
〔註586〕同註581，頁72。

之正，……；變而逆乘，天命不右，故『不利有攸往』矣。」〔註587〕、无妄卦《象傳》注曰：「四已變，成坤，天道助順，上動逆乘巽命，故『天命不右，行矣哉』，言不可行也。」〔註588〕、无妄卦上九爻注曰：「動而成坎，故『行有眚』；乘剛逆命，故『无攸利』」〔註589〕、益卦上九爻注曰：「動成坎心，以陰乘陽，故『立心勿恆凶』矣」〔註590〕。

　　「居處下位者之變」即處下位者不爲陽爻則當變之，如頤卦六四爻「顛頤，吉。虎視眈眈，其欲逐逐，无咎。」注曰：

　　　　晉四之初，謂三已變，故「顛頤」；與屯四乘坎馬同義。……〔註591〕

晉卦四爻與初爻互易而成頤卦，頤卦三爻變動又成一新卦「賁」，賁卦二至四爻互體爲坎，坎爲馬，賁卦六四於互體坎馬之上，有乘馬之象，而賁卦六四陰爻「乘」九三陽爻之上。如恆卦上六爻注曰：「五動乘陽，故『凶』」〔註592〕、大壯卦上六爻注曰：「謂四已之五，體坎，……退則失位，上則乘剛，故『无攸利』」〔註593〕、震卦上六爻《小象傳》注曰：「謂五正位，己乘之，逆，『畏鄰戒也』。」〔註594〕皆爲居下位之爻變而乘之。然若上下陰陽爻性皆不符「乘」之體例，此兩爻皆需變易，如蒙卦上九爻「擊蒙；不利爲寇，利禦寇。」注曰：

　　　　體艮爲手，故「擊」。謂五已變，上動成坎稱「寇」。而逆乘陽，故
　　　　「不利爲寇」矣。……〔註595〕

蒙卦上卦爲艮，艮爲手，有「擊」之意，五爻、上爻皆變動，上卦成坎，坎有寇之象，經由五爻、上爻兩個爻位變動之後，上六陰爻下乘九五陽爻，因爲陰居陽上，屬逆而不利，曰「不利爲寇」。同其例又有賁卦上九爻注曰：「在巽上，故曰『白賁』；乘五陰，變而得位，故『无咎』矣。」〔註596〕、頤卦六五爻注曰：「涉上成坎，乘陽无應，故『不可涉大川』矣。」〔註597〕、晉卦上

〔註587〕《周易集解》，頁133。
〔註588〕同註587，頁134。
〔註589〕同註587，頁136。
〔註590〕同註587，頁209。
〔註591〕同註587，頁144。
〔註592〕同註587，頁166。
〔註593〕同註587，頁173。
〔註594〕同註587，頁254。
〔註595〕同註587，頁46。
〔註596〕同註587，頁123。
〔註597〕同註587，頁144。

九爻注曰：「五已變之乾爲首，……動成震而體師象，……得位乘五，故『厲吉，无咎』而『貞吝』矣。」〔註598〕。

（三）「數個陰爻」乘「數個陽爻」

常例之「乘」爲兩個相鄰之爻，陰爻居於陽爻之上謂「乘」，但虞翻以二陰乘一陽亦稱「乘」，如小過卦卦辭「亨，利貞；可小事，不可大事；飛鳥遺之音，不宜上，宜下，大吉。」注曰：

> ……上陰乘陽，故「不宜上」；下陰順陽，故「宜下大吉」。俗説或以卦象二陽在內，四陰在外，有似飛鳥之象，妄矣。〔註599〕

小過卦上卦之上爻、五爻爲陰，四爻爲陽，「上陰乘陽」係指上六、六五乘於九四之上。又有以「三陰乘三陽」者，如泰卦六四爻「翩翩不富，以其鄰。」注曰：

> 二、五變時，四體離飛，故「翩翩」。坤虛无陽，故「不富」。兌西震東，故稱「其鄰」。三陰乘陽，不得之應；《象》曰：「皆失實也。」
> 〔註600〕

又泰卦上六爻注曰：「陰皆乘陽，行不順，故『勿用師』」〔註601〕說明泰卦中「三陰乘陽」、「陰皆乘陽」即謂上卦三個陰爻乘於下卦三個陽爻上。故可知虞翻將一陰乘一陽，擴展至二陰乘一陽、三陰乘三陽，但皆固守陰爻在上、陽爻在下之例。

（四）名為「乘」，實則非也

名爲「乘」，實爲「承」者，於陰陽爻位上「乘」爲（☷）、承爲（☰），以「乘」爲「承」者如大壯卦九三爻「小人用壯，君子用罔，貞厲。」注曰：

> 應在震也，三陽君子，「小人」謂上，上逆故「用壯」；謂二已變離，離爲罔，三乘二，故「君子用罔」；體乾夕惕，故「貞厲」也。
> 〔註602〕

大壯卦九三爻所應爲上爻，上爻處上卦震之中，曰「應在震也」，九二爻變易而爲六二，下卦爲離，九三陽爻居六二陰爻之上，當將「乘」改爲「承」，然

〔註598〕《周易集解》，頁176～177。
〔註599〕同註598，頁298。
〔註600〕同註598，頁78。
〔註601〕同註598，頁80。
〔註602〕同註598，頁172。

若以九三爻爲主居陰爻之上，則「承」與「乘」之稱皆非，當稱之爲「據」。同其例有泰卦九三爻注曰：「二上之五，據四，則三乘二」〔註603〕、姤卦九五爻注曰：「『含章』謂五也，五欲使初、四易位，以陰合陽，已得乘之，故曰『含章』」〔註604〕、艮卦六四爻《小象傳》注曰：「艮爲止，五動乘四則妊身」〔註605〕歸妹卦九二爻《小象傳》注曰：「乘初，未之五」〔註606〕、節卦六三爻注曰：「三動得正而體離、坎，……得位乘二」〔註607〕。

　　文中之「乘」非爲陰居陽上之「乘」，而爲「憑」之意，豫卦《象傳》「聖人以順動，則刑罰清而民服。豫之時義大矣哉！」注曰：

　　　　「清」猶明也。動初至四，兌爲刑；至坎，爲罰；坎、兌體正，故
　　　　「刑罰清」。坤爲民，乾爲清；以乾乘坤，故「民服」。順動天地，
　　　　使日月、四時皆不過差，刑罰清而民服，故「義大」也。〔註608〕

豫卦由初爻至四爻變動而成泰卦，豫卦下卦爲坤，坤爲民，泰卦下卦爲乾，乾爲清，以清明方使民眾信服，故曰「以乾乘坤」，此「乘」非陰爻居陽爻之上，係以「憑藉」爲解。另有以「乘」解爲「乘坐」者，如《繫辭下傳》「《易》曰：『公用射隼于高墉之上，獲之，无不利。』子曰：『隼者，禽也；弓矢者，器也；射之者，人也。君子藏器於身，待時而動，何不利之有？動而不括，是以出而有獲，語成器而動者也。』」注曰：

　　　　……三待五來之二，……三陰小人，乘君子器，故上觀三出射去隼
　　　　也。……〔註609〕

此爲解卦上六之辭，解卦經「三待五來之二」而成爲萃卦，萃卦三爻爲陰，六三陰爻乘坐於君子坤器之上，此「乘」即爲「乘坐」也。

（五）名不爲「乘」，實爲「乘」者

　　《繫辭上傳》「子曰：『作《易》者，其如盜乎！《易》曰：「負且乘，致寇至。」「負」也者，小人之事也，「乘」也者，君子之器也。小人而乘君子之器，盜思奪之矣。上慢下暴，盜思伐之矣。慢藏誨盜，冶容誨淫。《易》

〔註603〕《周易集解》，頁78。
〔註604〕同註603，頁220。
〔註605〕同註603，頁257。
〔註606〕同註603，頁266。
〔註607〕同註603，頁293。
〔註608〕同註603，頁97。
〔註609〕同註603，頁373～374。

曰：「負且乘，致寇至。」盜之招也。』」注曰：

> 「為易者」謂文王，否上之二成困，……三倍五，上慢乾君而乘其
> 器；下暴於二，二藏於坤，五來寇三，以離戈兵，故稱「伐之」；……
> 〔註610〕

謂困卦三爻之陰乘於二爻之陽上，且施暴之，故二爻變動藏於坤陰之中，以
成萃卦，「下暴於二」之詞中雖未言「乘」，然實指六三陰爻乘於九二陽爻之
上。

六、應

一卦中有六爻，分上、下兩卦，下卦之初為初爻、上卦之初為四爻，下卦
之中為二爻、上卦之中為五爻，下卦之上為三爻、上卦之上為上爻，而初爻與
四爻、二爻與五爻、三爻與上爻為相應爻位，爻性相反則相應，相同則失應，
如恆卦卦辭「亨，无咎，利貞，利有攸往。」注曰：「剛柔皆應」〔註611〕即指
恆卦初爻與四爻、二爻與五爻、三爻與上爻皆陰陽剛柔相應。

（一）上下爻位相應

此爻位相應可分為「初爻與四爻」、「二爻與五爻」、「三爻與上爻」等上
下爻性相反之相應，而「初爻與四爻」之應如屯卦卦辭「勿用有攸往；利建
侯。」注曰：

> 之外稱往。初震得正，起之欲應，動而失位，故「勿用有攸往」。
> ……〔註612〕

以屯卦為例，由內卦往外卦上行稱「往」，如屯卦下卦為震，初爻得正往外卦
與四爻相應，若初爻變動由陽轉陰則失位，曰「勿用有攸往」。如其例有泰卦
初九爻《小象傳》注曰：「初應四……得位應四」〔註613〕、臨卦初九爻注曰：
「得正應四」〔註614〕、臨卦六四爻《小象傳》注曰：「謂下至初應」〔註615〕、
復卦六四爻《小象傳》注曰：「四得正，應初」〔註616〕、頤卦初九爻注曰：「謂

〔註610〕《周易集解》，頁332～333。
〔註611〕同註610，頁162。
〔註612〕同註610，頁38。
〔註613〕同註610，頁77。
〔註614〕同註610，頁110。
〔註615〕同註610，頁110。
〔註616〕同註610，頁132。

四失離入坤，遠應多懼」〔註617〕、頤卦六四爻注曰：「得位應初」〔註618〕、
大過卦九四爻注曰：「應在於初」〔註619〕、咸卦初六爻《小象傳》注曰：「失
位遠應，之四得正」〔註620〕、咸卦九四爻注曰：「應初」〔註621〕、恆卦六五
爻《小象傳》注曰：「終變成益，以巽應初震」〔註622〕、晉卦初六卦注曰：「應
在四」〔註623〕、家人卦六四爻《小象傳》注曰：「得位應初」〔註624〕、損卦
初九爻注曰：「己得之應」〔註625〕、損卦六四爻注曰：「四謂二也，四得位，
遠應初」〔註626〕、姤卦九二爻注曰：「『魚』謂陰，……二據四應」〔註627〕、
困卦九四爻注曰：「來欲之初……之應歷險」〔註628〕、鼎卦初六爻注曰：「應
在四」〔註629〕、旅卦初六爻注曰：「失位遠應」〔註630〕、旅卦九四爻注曰：「失
位遠應」〔註631〕、節卦初九爻注曰：「初得位應四」〔註632〕、節卦六四爻注
曰：「有應於初」〔註633〕、小過卦初六爻注曰：「應四離爲飛鳥」〔註634〕、未
濟卦初六爻注曰：「應在四」〔註635〕。

　　「二爻與五爻」之應，如蒙卦卦辭「匪我求童蒙，童蒙求我。」注曰：

　　　「童蒙」謂五，艮爲童蒙，「我」謂二也。震爲動起，嫌求之五，故
　　　曰「匪我求童蒙」。五陰求陽，故「童蒙求我」，志應也。……〔註636〕

蒙卦上卦爲艮，艮爲童蒙，五爻居艮之中，五亦爲童蒙，二爻爲「我」，五爻與

〔註617〕《周易集解》，頁143。
〔註618〕同註617，頁144。
〔註619〕同註617，頁147。
〔註620〕同註617，頁160。
〔註621〕同註617，頁161。
〔註622〕同註617，頁166。
〔註623〕同註617，頁175。
〔註624〕同註617，頁185。
〔註625〕同註617，頁201。
〔註626〕同註617，頁202。
〔註627〕同註617，頁219。
〔註628〕同註617，頁232。
〔註629〕同註617，頁247。
〔註630〕同註617，頁275。
〔註631〕同註617，頁276。
〔註632〕同註617，頁292。
〔註633〕同註617，頁293。
〔註634〕同註617，頁300。
〔註635〕同註617，頁308。
〔註636〕同註617，頁43。

二爻爲相應關係，但此並不是二爻主動與五爻相應，故曰「匪我求童蒙」，而是
六五童蒙與九二之我相應，曰「童蒙求我」，虞翻以艮卦逸象來象徵卦辭，而居
艮卦中任一爻亦可與艮卦所喻之逸象連結，故以五爻爲「童蒙」，二爻爲「我」，
係五爻求二爻，而曰「童蒙求我」，此爲虞翻將《易》象中相應關係與卦辭之義
作緊密連結，以卦爻之象來象喻卦辭。如其例尙有蒙卦九二爻注曰：「應五據
初，」〔註637〕、蒙卦六五爻注曰：「有應於二」〔註638〕、同人卦九五爻注曰：「應
在二」〔註639〕、蠱卦九二爻注曰：「應在五」〔註640〕、觀卦六二爻注曰：「小人
而應五」〔註641〕、无妄卦《象傳》注曰：「『剛中』謂五『而應』二」〔註642〕、
无妄卦六二爻注曰：「得位應五，……『往』，應五也。」〔註643〕、恆卦上六爻
《小象傳》注曰：「終在益上，五遠應」〔註644〕、遯卦卦辭注曰：「則當位而應」
〔註645〕、遯卦《象傳》注曰：「『剛』謂五而應二」〔註646〕、遯卦九五爻《大
象傳》注曰：「剛當位應二」〔註647〕、蹇卦卦辭注曰：「『大人』謂五，二得位
應五」〔註648〕、蹇卦《象傳》注曰：「『大人』謂五，二往應五」〔註649〕、益
卦卦辭注曰：「二利往坎應五」〔註650〕、益卦《象傳》注曰：「『中正』謂五，
而二應之」〔註651〕、益卦六二爻注曰：「二得正遠應」〔註652〕、萃卦六二爻注
曰：「得正應五」〔註653〕、升卦卦辭注曰：「剛中而應……謂二當之五爲大人」
〔註654〕、漸卦六二爻注曰：「得正應五」〔註655〕、漸卦六二爻《小象傳》注曰：

〔註637〕《周易集解》，頁45。
〔註638〕同註637，頁46。
〔註639〕同註637，頁87。
〔註640〕同註637，頁107。
〔註641〕同註637，頁113。
〔註642〕同註637，頁134。
〔註643〕同註637，頁135。
〔註644〕同註637，頁166。
〔註645〕同註637，頁166。
〔註646〕同註637，頁167。
〔註647〕同註637，頁169。
〔註648〕同註637，頁191。
〔註649〕同註637，頁192。
〔註650〕同註637，頁204。
〔註651〕同註637，頁205。
〔註652〕同註637，頁206。
〔註653〕同註637，頁223。
〔註654〕同註637，頁225。

「承三應五」〔註656〕、歸妹卦九二爻注曰：「應五也」〔註657〕、歸妹卦六五爻注曰：「『娣袂』謂二，得中應五」〔註658〕、《繫辭上傳》注曰：「大有五應二而順上」〔註659〕。

「三爻與上爻」之應，如訟卦上九爻「終朝三褫之」注曰：

位終乾上，二變時，坤爲終。離爲日，乾爲甲，日出甲上，故稱「朝」。

應在三，……〔註660〕

訟卦上卦爲乾，曰「位終乾上」，二爻變動，下卦成坤，坤爲終，訟卦二爻至四爻互體爲離，離爲日，上卦乾爲甲，離日在下、乾甲於上，曰「日出甲上」，甲方爲東方，即日出東方之朝日，上九陽爻所應爲六三陰爻。如其例尚有履卦六三爻注曰：「視上應也」〔註661〕、履卦上九爻注曰：「應在三」〔註662〕、泰卦上六爻注曰：「失實遠應」〔註663〕、觀卦上九爻注曰：「應在三」〔註664〕、頤卦六三爻注曰：「三失位，體剝，不正相應」〔註665〕、咸卦九三爻注曰：「三應於上」〔註666〕、大壯卦上六爻注曰：「應在三，……得位應三」〔註667〕、明夷卦上六爻《小象傳》注曰：「應在三」〔註668〕、睽卦上九爻注曰：「應在三……之應歷險……陰陽相應」〔註669〕、蹇卦九三爻注曰：「應正歷險」〔註670〕、蹇卦上六爻注曰：「得位有應」〔註671〕、益卦上九爻《小象傳》注曰：「三體剝〔註672〕凶，故至上應乃益之矣」〔註673〕、

〔註655〕《周易集解》，頁260。
〔註656〕同註655，頁260。
〔註657〕同註655，頁265。
〔註658〕同註655，頁267。
〔註659〕同註655，頁352。
〔註660〕同註655，頁55。
〔註661〕同註655，頁71。
〔註662〕同註655，頁73。
〔註663〕同註655，頁80。
〔註664〕同註655，頁115。
〔註665〕同註655，頁143。
〔註666〕同註655，頁161。
〔註667〕同註655，頁173。
〔註668〕同註655，頁180。
〔註669〕同註655，頁190。
〔註670〕同註655，頁193。
〔註671〕同註655，頁194。
〔註672〕《周易集解》原文爲「三體剛凶」，張惠言《周易虞氏易》引江承之之説：「剛當爲剝，傳寫之誤。」張惠言著：《張惠言易學十書》（臺北：廣文書局，1977

夬卦上六爻注曰：「應在於三……之應歷險」〔註674〕、豐卦上六爻注曰：「謂從外闕三應」〔註675〕、渙卦上九爻注曰：「應在三」〔註676〕。

（二）經「變」而上下相應

上文闡明兩兩爻位對應關係，然並非兩個對應的爻位之爻性皆相反，故需經由變易爻性以達成彼此之應，屬「初爻與四爻」變易之應者如蒙卦初六爻「發蒙，利用刑人，用說桎梏，以往吝。」注曰：

> 「發蒙」之正。初爲蒙始，而失其位，發蒙之正以成兌。兌爲刑人，坤爲用，故曰「利用刑人」矣。坎爲穿木，震足，艮手，互與坎連，故稱「桎梏」。初發成兌，兌爲說，坎象毀壞，故曰「用說桎梏」。之應歷險，故「以往吝」。「吝」，小疵也。〔註677〕

蒙卦初爻失位而之正，下卦由坎變易成兌，兌爲刑人，三至五爻互體爲坤，坤爲用，曰「利用刑人」，又未變易前的之蒙卦下卦爲坎，坎爲穿木，二至四爻互體爲震，上卦爲艮，震爲足，艮爲手，手足皆穿木象徵「桎梏」，初爻變易由坎而兌，兌爲說，曰「用說桎梏」，初爻變易後與四爻相應，需經過蒙卦下卦之坎，曰「之應歷險」。如其例有履卦九四爻《小象傳》注曰：「變體坎，得位、承五、應初」〔註678〕、同人初九爻注曰：「四變應初」〔註679〕、隨卦九四爻注曰：「四變應初」〔註680〕、无妄卦初九爻注曰：「謂應四也；四失位，故命變之正，四變得位，承五應初」〔註681〕、无妄卦初九爻《小象傳》注曰：「四變應初」〔註682〕、无妄卦六三爻《小象傳》注曰：「以四變則牛應初震」〔註683〕、无妄卦九四爻注曰：「動則正……承五應初」〔註684〕、遯卦初六爻

年），頁196。益卦二爻至五爻經四爻連互後可得「剝卦」三爻正於其中，故當從江說。

〔註673〕《周易集解》，頁209。
〔註674〕同註673，頁216。
〔註675〕同註673，頁273。
〔註676〕同註673，頁290。
〔註677〕同註673，頁45。
〔註678〕同註673，頁74。
〔註679〕同註673，頁86。
〔註680〕同註673，頁103。
〔註681〕同註673，頁135。
〔註682〕同註673，頁135。
〔註683〕同註673，頁136。
〔註684〕同註673，頁136。

《小象傳》注曰：「初失位，動而得正……之應成坎爲災」〔註685〕謂初爻與四爻互易之動、大壯卦初九爻注曰：「謂四上之五成坎，已得應四」〔註686〕、萃卦九四爻注曰：「以陽居陰，故『位不當』；動而得正，承五應初」〔註687〕謂初爻與四爻相易、震卦卦辭注曰：「『虩虩』謂四也，來應初，初命四變而來應己，四失位，多懼，故『虩虩』」〔註688〕、震卦《象傳》注曰：「變承五應初，……謂四出驚遠，初應懼近也」〔註689〕、歸妹卦初六爻注曰：「動而應四，……初九應變成坎」〔註690〕、豐卦初九爻注曰：「謂四失位，變成坤應初」〔註691〕、兌卦初六爻注曰：「得位，四變應己」〔註692〕、兌卦初六爻《小象傳》注曰：「四變應初」〔註693〕。

　　「二爻與五爻」需經變易而應者，如需卦《象傳》注曰：

　　　　謂二失位，變而涉坎，坎爲大川；得位應五，故「利涉大川」。五多
　　　　功，故「往有功也」。〔註694〕

需卦九二陽爻居陰位，變而成既濟卦，既濟卦二至四爻互體爲坎，坎爲大川，之正後二爻需經過互體之坎方能與五爻相應，曰「利涉大川」。如其例有需卦九二爻注曰：「『沙』謂五，水中之陽稱沙也。二變之陰，稱『小』。……二變應之」〔註695〕、訟卦九二爻注曰：「謂二變應五」〔註696〕、小畜卦《象傳》注曰：「二失位，五剛中正，二變應之」〔註697〕、小畜卦九二爻《小象傳》注曰：「變應五」〔註698〕、大過卦卦辭注曰：「謂二也；剛過而中……利變應五」〔註699〕、坎卦卦辭注曰：「二體震爲行，動得正，應五」〔註700〕、

〔註685〕《周易集解》，頁168。
〔註686〕同註685，頁171。
〔註687〕同註685，頁224。
〔註688〕同註685，頁250。
〔註689〕同註685，頁251。
〔註690〕同註685，頁265。
〔註691〕同註685，頁270。
〔註692〕同註685，頁283。
〔註693〕同註685，頁283。
〔註694〕同註685，頁48。
〔註695〕同註685，頁48。
〔註696〕同註685，頁53。
〔註697〕同註685，頁66。
〔註698〕同註685，頁67。
〔註699〕同註685，頁145。
〔註700〕同註685，頁149。

坎《象傳》注曰：「『功』謂五，二動應五」〔註701〕、夬卦九二爻《小象傳》注曰：「動得正，應五」〔註702〕、困卦九五爻注曰：「二動應己」〔註703〕、豐卦六五爻注曰：「五發得正則來應二」〔註704〕、旅卦六五爻注曰：「五終變成乾，則二來應己，」〔註705〕、旅卦上九爻注曰：「五動應二」〔註706〕、巽卦卦辭注曰：「二失位，利正，往應五」〔註707〕、兌卦卦辭注曰：「剛中而柔外，二失正，動應五承三」〔註708〕、兌卦九二爻注曰：「『孚』謂五也，……二動得位應之」〔註709〕、兌卦九二爻《小象傳》注曰：「二變應五」〔註710〕、渙卦卦辭注曰：「二失正，變應五」〔註711〕、節卦九五爻注曰：「『往』謂二，二失正，變往應五」〔註712〕、中孚卦《象傳》注曰：「二化應五成坤……。訟乾爲天，二動應乾」〔註713〕謂中孚卦九二陽爻變而成陰，以應九五之爻，而二至四爻互體成坤，中孚卦由訟卦而來，故曰訟卦上卦爲乾，訟卦九二變動以應九五陽爻，此例說明兩卦九二爻皆變易而與九五相應、中孚卦九二爻注曰：「五利二變之正，應」〔註714〕、中孚卦九二爻《小象傳》注曰：「動得正，應五」〔註715〕、未濟卦六五爻注曰：「之正則吉，……『孚』謂二，二變應己」〔註716〕、《繫辭上傳》注曰：「二變五來應之，……謂二變則五來應之，……謂二發應五」〔註717〕此之說明中孚卦九二爻，九二爻變動之正而與九五陽爻相應、中孚卦九五爻注曰：「故攣二使化爲邦，得正應己」〔註718〕。

〔註701〕《周易集解》，頁149。
〔註702〕同註701，頁214。
〔註703〕同註701，頁232。
〔註704〕同註701，頁272。
〔註705〕同註701，頁277。
〔註706〕同註701，頁277。
〔註707〕同註701，頁278。
〔註708〕同註701，頁282。
〔註709〕同註701，頁283。
〔註710〕同註701，頁284。
〔註711〕同註701，頁287。
〔註712〕同註701，頁293。
〔註713〕同註701，頁295。
〔註714〕同註701，頁297。
〔註715〕同註701，頁297。
〔註716〕同註701，頁309。
〔註717〕同註701，頁327。
〔註718〕同註701，頁297。

「三爻與上爻」經變易後相應者，如屯卦六三爻「君子幾，不如舍，往
吝。」注曰：

> 「君子」，謂陽已正位。「幾」，近；「舍」，置；「吝」，疵也。三應於
> 上，之應歷險，不可以往。動如失位，故不如舍之，往必吝窮矣。
> 〔註719〕

屯卦三爻爲君子，由陰變陽，曰「陽已正位」，九三陽爻相應於上六陰爻，
中間需經過上卦之坎，故曰「之應歷險，不可以往」。如其例有訟卦上九爻
注曰：「三變時，……使變應己」〔註720〕謂三爻變動後爲九三陽爻，上爻本
與三爻相應，然三爻變動後爲求與之相應而變成上六陰爻、隨卦六三爻注
曰：「謂求之正，得位遠應」〔註721〕、大畜卦九三爻《小象傳》注曰：「謂
上應也；五已變正，上動成坎」〔註722〕謂五爻與上爻互易，而三爻得與上
爻相應、遯卦九三爻注曰：「遯陰剝陽，三消成坤，與上易位，……上來之
三，據坤應兌」〔註723〕謂遯卦陰息至三爻而爲否卦，否卦三爻與上爻相易，
而各自得正，彼此亦相應、損卦上九爻注曰：「上失正，之三得位……動而
應三」〔註724〕、萃卦上六爻注曰：「三之四，……得位應三」〔註725〕、萃
卦上六爻《小象傳》注曰：「乘剛遠應」〔註726〕謂三爻與四爻互易後，而上
六之陰與九三之陽相應、困卦上六爻注曰：「三已變正，已得應之」〔註727〕、
困卦上六爻《小象傳》注曰：「謂三未變當位應上故也。『行』謂三變乃得當
位之應」〔註728〕、鼎卦上九爻《小象傳》注曰：「謂三虧悔，應上……六位
相應」〔註729〕謂三爻變動而使鼎卦二至四爻互體之乾象虧損，但三爻經變
動之後與上爻陰陽相應，成既濟卦則六個爻位皆得正且應、巽卦上九爻《小
象傳》注曰：「上應于三，三動失正」〔註730〕、節卦卦辭注曰：「謂上也，

〔註719〕《周易集解》，頁41。
〔註720〕同註719，頁55。
〔註721〕同註719，頁103。
〔註722〕同註719，頁139。
〔註723〕同註719，頁168～169。
〔註724〕同註719，頁203。
〔註725〕同註719，頁224。
〔註726〕同註719，頁225。
〔註727〕同註719，頁234。
〔註728〕同註719，頁234。
〔註729〕同註719，頁249。
〔註730〕同註719，頁282。

應在三，三變成離」〔註731〕。

（三）上下爻相應於「某象」中

一卦體中分爲上卦、下卦，上下卦爲三個爻畫所組成，然而所謂「互體」係在一卦之中三個連續爻體組成，如二至四爻之互體、三至五爻之互體，虞翻將上、下卦及互體運用於上下兩爻相應之中，不直接稱「某爻應某爻」，而改稱「應於某象」，某象即爲上卦、下卦或互體之象，而「初爻與四爻」應於某象中，如賁卦初九爻「賁其趾，舍車而徒。」注曰：

> 應在震，震爲足，故「賁其趾」也。應在艮，艮爲舍，坎爲車；「徒」，
> 步行也；位在下，故「舍車而徒」。〔註732〕

賁卦初九爻應於六四爻，賁卦三至五爻互體成震，四爻處互體震之中，故曰「應在震」，四爻又居於上卦之中，賁卦上卦爲艮，故又言「應在艮」。如其例有履卦初九爻《小象傳》注曰：「應在巽……四失位，變往得正……初已得正，使四獨變」〔註733〕、歸妹卦初六爻注曰：「應在震爲征」〔註734〕、旅卦初六爻《小象傳》注曰：「謂三動應坎」〔註735〕。

而於「二爻與五爻」中，如屯卦六二爻「匪寇，婚媾；女子貞，不字，十年乃字。」注曰：

> 「匪」，非也。「寇」謂五，坎爲寇盜。應在坎，故「匪寇」。陰陽德
> 正，故「婚媾」。……〔註736〕

屯卦六二陰爻應於九五陽爻，五爻曰「寇」，屯卦上卦爲坎，坎爲寇盜，六二應於坎之五爻，曰「應在坎」，六二爻尚未至五爻之位，故曰「匪寇」。如其例有同人卦《象傳》注曰：「二得中應乾」〔註737〕、大有卦卦辭注曰：「柔得尊位，大中應天而時行」〔註738〕、大有卦《象傳》注曰：「謂五以日應乾而行於天也」〔註739〕、隨卦六二爻注曰：「應在巽」〔註740〕、睽卦九四爻注曰：「謂

〔註731〕《周易集解》，頁 291。
〔註732〕同註731，頁 121。
〔註733〕同註731，頁 70。
〔註734〕同註731，頁 265。
〔註735〕同註731，頁 275。
〔註736〕同註731，頁 40。
〔註737〕同註731，頁 85。
〔註738〕同註731，頁 88。
〔註739〕同註731，頁 89。
〔註740〕同註731，頁 103。

二已變，動而應震」〔註741〕、萃卦六二爻注曰：「應巽爲繩」〔註742〕、中孚卦卦辭注曰：「謂二利之正而應五也，……乃應於天也。」〔註743〕。

「三爻與上爻」相應於某象之中，如謙卦上六爻「鳴謙，利用行師，征邑國。」注曰：

> 應在震，故曰「鳴謙」。……〔註744〕

謙卦上爻所應爲三爻，謙卦三至五爻互體爲震，故曰「應在震」，震爲動，曰「鳴謙」。如其例有豫卦初六爻注曰：「應震善鳴」〔註745〕、隨卦上六爻注曰：「應在艮」〔註746〕、大壯卦九三爻注曰：「應在震也」〔註747〕、損卦六三爻注曰：「初之上，據坤應兌」〔註748〕謂泰卦初爻至上爻，而其它諸爻皆下降一爻位，則爲損卦，損卦上爻所應爲三爻，三爻位下卦兌之中、震卦上六爻注曰：「上三已動，應在離」〔註749〕、中孚卦上九爻注曰：「應在震」〔註750〕。

（四）應於某爻下所「伏」之爻

此類爲虞翻結合「應」與「伏」之條例，將上下相應之兩爻，其中一爻係所伏之爻，如解卦上六爻「公用射隼于高墉之上，獲之，无不利。」注曰：

> 上應在三，「公」謂三伏陽也；離爲隼，三失位，動出成乾，貫隼入
>
> 大過死象，故「公用射隼于高墉之上，獲之，无不利」也。〔註751〕

又《繫辭下傳》說明解卦上六爻，其注曰：「三伏陽，……『人』則公，三應上……三伏陽爲君子」〔註752〕，由此可知解卦上六相應於三爻，然此三爻係指三爻下所伏之陽。然又有相應於自己爻位下所伏之爻，如鼎卦卦辭「元吉，亨。」注曰：

> 大壯上之初，與屯旁通，天地交，柔進上行，得中應乾五剛，故「元

〔註741〕《周易集解》，頁189。
〔註742〕同註741，頁223。
〔註743〕同註741，頁294。
〔註744〕同註741，頁95。
〔註745〕同註741，頁98。
〔註746〕同註741，頁104。
〔註747〕同註741，頁172。
〔註748〕同註741，頁202。
〔註749〕同註741，頁253。
〔註750〕同註741，頁297。
〔註751〕同註741，頁198。
〔註752〕同註741，頁373～374。

吉，亨」也。〔註753〕

又鼎卦《彖傳》注曰：「『柔』謂五，得上中，應乾五剛……非謂應二剛」
〔註754〕，鼎卦係由大壯卦初爻與上爻互易而來，初爻之陽與上爻之陰相互
變動，乾陽爲天、坤陰爲地，曰「天地交」，六五陰爻得上卦中位而應五爻
下所伏之陽。以五爻應五爻下所伏之爻，此已與「應」原本體例不符，但虞
翻亦以此說「應」。

（五）上下相應爻位而「不應」

虞翻以兩兩相應爻位，爻性相反者曰「應」，實際上兩爻雖爲對應爻位，
但並非陰陽相應之關係或有其原因而不相應，「初爻與四爻」不應之例，如
泰卦六四爻「翩翩不富，以其鄰。」注曰：

　　　　……三陰乘陽，不得之應：《象》曰：「皆失實也。」〔註755〕

泰卦上卦爲三陰，雖與下卦三陽皆爲陰陽相應，若上卦三陰爻皆至下卦而會
形成否卦，故「不得之應」。「不應」之例如剝卦初六爻注曰：「失位无應」
〔註756〕、坎卦初六爻《小象傳》注曰：「上无其應」〔註757〕、大壯卦初九
爻《小象傳》注曰：「應在乾終」〔註758〕謂初九與九四相應，然此兩爻皆陽
爻，非陰陽相應關係、睽卦初九爻注曰：「无應」〔註759〕、蹇卦初六爻注曰：
「失位應陰」〔註760〕、蹇卦六四爻注曰：「進則无應」〔註761〕、夬卦初九
爻注曰：「剛以應剛」〔註762〕、夬卦初九爻《小象傳》注曰：「往失位，應
陽」〔註763〕、井卦卦辭注曰：「初爲舊井，四應甃之……泰初之五，坤象毀
壞，故『无喪』；五來之初，失位无應」〔註764〕、革卦初九爻《小象傳》注
曰：「得位无應」〔註765〕、巽卦六四爻注曰：「初失位，无應」〔註766〕、渙

〔註753〕《周易集解》，頁 245。
〔註754〕同註 753，頁 246。
〔註755〕同註 753，頁 78。
〔註756〕同註 753，頁 125。
〔註757〕同註 753，頁 151。
〔註758〕同註 753，頁 171。
〔註759〕同註 753，頁 188。
〔註760〕同註 753，頁 193。
〔註761〕同註 753，頁 194。
〔註762〕同註 753，頁 213。
〔註763〕同註 753，頁 213。
〔註764〕同註 753，頁 235。
〔註765〕同註 753，頁 242。

卦六四爻注曰：「四應在初」〔註767〕。

「二爻與五爻」不應者，如大有卦九二爻「大車以載，有攸往，无咎。」注曰：

> ……「往」謂之五：二失位，變得正，應五，故「有攸往，无咎」
>
> 矣。〔註768〕

大有卦九二失位，變而成六二陰爻，九二陽爻本與六五陰爻相應，然變動後兩爻皆陰，非陰陽相應。同其例如豫卦六二爻注曰：「應在五」〔註769〕、豫卦六五爻注曰：「應在坤」〔註770〕、賁卦六五爻注曰：「失位无應」〔註771〕、剝卦六二爻注曰：「无應在剝」〔註772〕、頤卦六五爻注曰：「无應……乘陽无應」〔註773〕、大過卦卦辭注曰：「謂二也；剛過而中，失位无應」〔註774〕、晉卦六二爻注曰：「謂二，應在坎上」〔註775〕、困卦卦辭注曰：「『貞大人吉』謂五也，在困无應」〔註776〕、困卦九五爻注曰：「二未變應五」〔註777〕、井卦《象傳》注曰：「謂二未變應五」〔註778〕、震卦六五爻注曰：「『來』謂應陰」〔註779〕、節卦九二爻注曰：「二失位，不變出門應五，則凶」〔註780〕。

「三爻與上爻」不應者，如蒙卦六三爻「勿用取女，見金夫，不有躬，无攸利。」注曰：

> 謂三。誡上也。「金夫」謂二。初發成兌，故三稱「女」。兌爲見，
>
> 陽稱金，震爲夫：三逆乘二陽，所行不順，爲二所淫，上來之三
>
> 陟陰，故曰「勿用娶女，見金夫」矣。坤身稱躬，三爲二所乘，

〔註766〕《周易集解》，頁280。
〔註767〕同註766，頁289。
〔註768〕同註766，頁89。
〔註769〕同註766，頁98。
〔註770〕同註766，頁99。
〔註771〕同註766，頁122。
〔註772〕同註766，頁125。
〔註773〕同註766，頁144。
〔註774〕同註766，頁145。
〔註775〕同註766，頁175。
〔註776〕同註766，頁229。
〔註777〕同註766，頁232。
〔註778〕同註766，頁237。
〔註779〕同註766，頁253。
〔註780〕同註766，頁292。

兌澤動下，不得之應，故「不有躬」。失位多凶，故「无攸利」也。
〔註781〕

蒙卦六三與上九相應，此曰不應，原因爲上爻與三爻中間爻位皆爲陰，「上
來之三陟陰」，初爻變動而下卦爲兌，兌爲見、爲女，三爻處兌中，故三爻
稱「女」，陽爲金，蒙卦二至四爻互體爲震，震爲夫，又三爻爲二爻所淫，
因此，上爻更不與三爻之女相應，曰「勿用娶女」，三爻之女配與二爻「金
夫」，曰「見金夫」，故可知上爻與三爻雖陰陽相應，但因爻辭不利而不相應。
「初爻與三爻」不應之例如比卦卦辭注曰：「上位在背後，无應乘陽」〔註782〕、
比卦六三爻注曰：「失位无應」〔註783〕、小畜上九爻注曰：「應在三」〔註784〕、
同人卦上九爻注曰：「失位无應」〔註785〕、豫卦上六爻注曰：「應在三……
三失位，无應」〔註786〕、隨卦六三爻注曰：「三之上无應」〔註787〕、隨卦
上六爻《小象傳》注曰：「乘剛无應」〔註788〕、蠱卦上九爻注曰：「應在於
三」〔註789〕、臨卦六三爻注曰：「言三失位，无應」〔註790〕、復卦上六爻
注曰：「高而无應」〔註791〕、頤卦六三爻注曰：「動无所應」〔註792〕、坎卦
上六爻注曰：「三非其應」〔註793〕、大壯卦上六爻《小象傳》注曰：「不得
三應」〔註794〕、困卦六三爻注曰：「謂上无應也」〔註795〕、艮卦上九爻注
曰：「无應靜止」〔註796〕、歸妹卦卦辭注曰：「泰三之四……四之三失正无
應」〔註797〕、歸妹卦上六爻注曰：「『女』謂應三兌也……以陰應陰」〔註798〕、

〔註781〕《周易集解》，頁45～46。
〔註782〕同註781，頁62。
〔註783〕同註781，頁63。
〔註784〕同註781，頁68。
〔註785〕同註781，頁88。
〔註786〕同註781，頁99。
〔註787〕同註781，頁103。
〔註788〕同註781，頁104。
〔註789〕同註781，頁108。
〔註790〕同註781，頁110。
〔註791〕同註781，頁132。
〔註792〕同註781，頁143。
〔註793〕同註781，頁152～153。
〔註794〕同註781，頁173。
〔註795〕同註781，頁231。
〔註796〕同註781，頁257。
〔註797〕同註781，頁263～264。

旅卦上九爻注曰：「應在巽，……失位无應」〔註799〕、巽卦九三爻注曰：「无應在險」〔註800〕、兌卦上六爻注曰：「无應乘陽……應在三」〔註801〕。

初爻與上爻本爲不相應之兩爻，而卻以「無應」說解，如益卦上九爻「莫益之，或擊之，立心勿恆，凶。」注曰：「『莫』，无也，自非上，无益初者，唯上當无應，故『莫益之』矣。謂上不益初。」〔註802〕益卦初爻、上爻皆爲陽爻，且非對應之爻位，但虞翻曰「无益初者，唯上當无應」、「上不益初」，以此解釋「莫益之」，然所取之兩爻本非相應之爻，此爲虞翻「無應」中之特例也。

（六）相應多個爻位

「應」爲相應爻位陰陽相反而相應，但虞翻有以「一陽應五陰」、「一陽應四陰」及「一陰應五陽」，而「一陽應五陰」如坤卦《象傳》「應地无疆」注曰：

> 震爲應。陽正於初，以承坤陰，地道應，故「應地无疆」。〔註803〕

坤卦初爻之正而爲陽，於是下卦爲震，震爲應，「陽正於初，以承坤陰」，「承」爲居下陰爻承其上之陽爻，然初九居六二之下，爲何曰「承」？此處若依正確體例而述，當言「乘」，但「乘」在陰陽兩爻中以陰爻爲主，故此處顯見以初九陽爻爲主體，故以「乘」取代「承」又有不妥之處，回歸本文「陽正於初，以承坤陰」若以初九陽爻爲主體而二、三、四、五、上爻等五爻坤陰皆承之，「承」以陰爻爲主，「據」以陽爻爲體，而此處若改爲初九陽爻「據」其他五爻，「據」與「承」皆以陽爻居陰爻之上，又有不通之處，故筆者認爲「承」字可釋爲一般義之相承、承接，故解爲初九陽爻與二爻至上爻之五個陰爻相應，曰「地道應」，即所謂「一陽應五陰」。如其例有比卦卦辭注曰：「坤陰爲方，上下應之，故『方來』也。『後』謂上，『夫』謂五也」〔註804〕王新春認爲「『上下應之』，謂比卦中，上下五陰皆應九五一陽」〔註805〕、豫卦九

〔註798〕《周易集解》，頁267。
〔註799〕同註798，頁277。
〔註800〕同註798，頁280。
〔註801〕同註798，頁285。
〔註802〕同註798，頁208～209。
〔註803〕同註798，頁28。
〔註804〕同註798，頁62。
〔註805〕王新春撰：《周易虞氏學》（臺北：頂淵文化事業有限公司，1999年），頁374。

四爻注曰:「坤爲眾;眾陰並應」〔註806〕。然以「一陽應四陰」者,如臨卦《象傳》「臨,剛浸而長,說而順,剛中而應,大亨以正,天之道也。」注曰:

> 「剛」謂二也;兌爲水澤,自下浸上,故「浸而長」也。「說」兌也,「順」坤也。「剛中」,謂二也,四陰皆應之,故曰「而應」……
>
> 〔註807〕

九二陽爻曰「剛」,臨卦下卦爲兌,兌爲水澤,自下卦往上卦浸濕,曰「浸而長」,剛中之九二爻與其上四個陰爻相應。而「一陰應五陽」者,如《雜卦傳》「大有,眾也。」注曰:

> 五陽並應,故「眾」也。〔註808〕

說明大有卦六五陰爻與上下其它五個陽爻相應,曰「五陽並應」。

(七) 爻位不相對之應

由前文可知一卦體中分上卦與下卦,上、下卦初、中、上之位兩兩相應,然虞翻以不相對之位而相應者,如大過卦初六爻「藉用白茅,无咎。」注曰:

> 位在下稱「藉」,巽柔白爲茅,故「藉用白茅」。失位,「咎」也;
>
> 承二,過四應五士夫,故「无咎」矣。〔註809〕

大過卦初六居下稱「藉」,下卦爲巽,巽爲白、爲茅,曰「藉用白茅」。初爻雖失位但柔以承二爻之剛,大過卦九五爻曰「士夫」,以五爲「士夫」,士多指未娶之男子,故初爻之陰本與四爻之陽相應,卻越過四爻而應於九五士夫。又大過卦九二爻《小象傳》「『老夫』、『女妻』,過以相與也。」注曰:

> 謂二過初與五,五過上與二,獨大過之爻得過其應,故「過以相與
>
> 也」。〔註810〕

又大過卦九五爻注曰:「五過二使應上,二過五取初」〔註811〕,大過卦二爻與五爻處相應之位,而二爻使初爻越過自己而與五爻相應,曰「謂二過初與五」,又二、五本相應,五爻卻使上爻越過自己與二爻相應。故初六陰爻上應九五陽爻,九二陽爻上應上六陰爻。此爲大過卦之例,又革卦《象傳》「文明以說,大亨以正;革而當,其悔乃亡。天地革而四時成;湯武革命,順乎

〔註806〕《周易集解》,頁 99。
〔註807〕同註 806,頁 109。
〔註808〕同註 806,頁 444。
〔註809〕同註 806,頁 146。
〔註810〕同註 806,頁 146。
〔註811〕同註 806,頁 147。

天而應乎人；革之時大矣哉！」注曰：

> ……「湯武」謂乾，乾為聖人，「天」謂五，「人」謂三，四動順五
> 應三，故「順天應人」；巽為命也。〔註812〕

革卦三至五爻互體為乾，乾為湯武、為聖人，五爻曰「天」，三爻曰「人」，四爻失位而動，成既濟卦，變動後之四爻順承五爻而與三爻相應，六四陰爻應於九三陽爻，曰「順天應人」，由此可見虞翻為解經傳之文而極盡其力以易理中條例加以說明，此即為四爻與三爻相應之例。

（八）名為不應，實為相應

解卦卦辭「利西南；无所往，其來復，吉；有攸往，夙吉。」注曰：

> 臨初之四，無西南卦，初之四得坤眾，故「利西南」，往得眾也。謂
> 四本從初之四，失位於外而无所應，故「无所往」；宜來反初，復得
> 正位，故「其來復吉」也……〔註813〕

臨卦初爻與四爻相易而為解卦，解卦四爻本由臨卦初爻而至四爻之位，然失位於外卦，且「无所應」，然觀其解卦九四陽爻與初六陰爻相應，此即虞翻為解「无所往」之辭而曰「失位於外而无所應」，實則當言臨卦初爻至四爻之位，陽爻居陰位而失於外，因此「无所往」，故文後當略「无所應」一文。

七、數

《周易》經傳中「象、數、理、占」成為《易》學不可或缺的四大要素，然「數」於其中亦有極大的相輔相成作用，一卦體由六個爻所組成，其中六個爻位所居之處即有「數」的概念，卦爻中有「天、地、人」三才，經傳中常以「天數」、「地數」來解其理，然利用蓍筮卜占而有「蓍策之數」、「大衍之數」等「數」之生，虞翻利用「月體納甲說」、「卦氣說」等解說《易》理，其中亦有「月體納甲說」及「卦氣說」所產生之「數」，故知「數」之運用於虞翻《易》注中屢見不鮮，如《繫辭上傳》「備物致用，立成器以為天下利，莫大乎聖人。」注曰：「……謂十三蓋取」〔註814〕此「十三蓋取」即取其《繫辭下傳》中十三個以「蓋取」為名之例〔註815〕，或《繫辭下傳》「古之葬者，

〔註812〕《周易集解》，頁241。
〔註813〕同註812，頁195。
〔註814〕同註812，頁350～351。
〔註815〕「十三蓋取」其內容有：《繫辭下傳》「作結繩而罔罟，以佃以漁，蓋取諸

厚衣之以薪，葬之中野，不封不樹，喪期无數，後世聖人易之以棺槨，蓋取諸大過。」注曰：「……『期』謂從斬衰值緦麻，日月之期數」〔註816〕「斬衰至緦麻」爲「五服」。「五服」爲古代之喪服制度，以親疏爲差等，有「斬衰」、「齊衰」、「大功」、「小功」、「緦麻」。上述純然爲數字之統計，下文依據與卦爻《易》理相關者分別敘述虞翻《易》注中之「數」。

（一）天地之數

《易傳》中已有「天數」、「地數」之別，如《繫辭上傳》「天數五，地數五，五位相得而各有合；天數二十有五，地數三十，凡天地之數五十有五，此所以成變化而行鬼神也。」注曰：

> 「天數五」，謂一、三、五、七、九；「地數五」，謂二、四、六、八、十也。……或以一、六合水，二、七合火，三、八合木，四、九合金，五、十合土也。一、三、五、七、九，故二十五也；二、四、六、八、十，故三十也。天二十五，地三十，故「五十有五」。天地數見於此，故大衍之數略其奇五，而言五十也。〔註817〕

《禮記・月令》鄭玄注《易繫辭》曰：「天一生水於北，地二生火於南，天三生木於東，地四生金於西，天五生土於中。陽無耦，陰無配，未得相成。地六成水於北，與天一定并；天七成火於南，與地二并；地八成木於東，與

離。」《周易正義》，頁 166；《繫辭下傳》「包犧氏沒，神農氏作，斲木爲耜，揉木爲耒，耒耨之利，以教天下，蓋取諸益。」《周易正義》，頁 167；《繫辭下傳》「日中爲市，致天下之民，聚天下之貨，交易而退，各得其所，蓋取諸噬嗑。」《周易正義》，頁 167；《繫辭下傳》「黃帝、堯、舜垂衣裳而天下治，蓋取諸乾、坤。」《繫辭下傳》「黃帝、堯、舜垂衣裳而天下治，蓋取諸乾、坤。」《周易正義》，頁 167；《繫辭下傳》「剡木爲舟，剡木爲楫，舟楫之利，以濟不通，致遠以利天下，蓋取諸渙。」《周易正義》，頁 167；《繫辭下傳》「服牛乘馬，引重致遠，以利天下，蓋取諸隨。」《周易正義》，頁 168；《繫辭下傳》：「重門擊柝，以待暴客，蓋取諸豫」《周易正義》，頁 168；《繫辭下傳》「斷木爲杵，掘地爲臼，臼杵之利，萬民以濟，蓋取諸小過。」《周易正義》，頁 168；《繫辭下傳》：「弦木爲弧，剡木爲矢，弧矢之利，以威天下，蓋取諸睽。」《周易正義》，頁 168；《繫辭下傳》「上古穴居而野處，後世聖人易之以宮室，上棟下宇，以待風雨，蓋取諸大壯。」《周易正義》，頁 168；《繫辭下傳》「古之葬者，厚衣之以薪，葬之中野，不封不樹，喪期无數，後世聖人易之以棺槨，蓋取諸大過。」《周易正義》，頁 168。

〔註816〕《周易集解》，頁 367。
〔註817〕同註816，頁 337～338。

天三并；天九成金於西，與地四并；地十成土乎中，與天五并也。」〔註818〕，故可知「天數」有五且爲奇數，「地數」有五但爲偶數，將所有「天數」相合總得爲二十五，總合「地數」爲三十，又以天地之數與「水、火、木、金、土」五行相合，此五個天地萬物基本元素，與乘載萬事萬物之天地緊密契應，以「數」相連相應。故有乾卦《文言傳》「《易》曰：『見龍在田，利見大人。』君德也。」注曰：

> 陽始觸陰，當升五爲君。時舍於二，宜利天下。直方而大，德无不
> 利。明言「君德」。地數始二，故稱「易曰」。〔註819〕

乾卦《文言傳》之文，虞翻以「十二月消息卦」立言，乾卦九二爻爲陽息至二爻之位，曰「陽始觸陰」，以「乾升坤降說」而觀二爻之陽當升五爻之君位，然因時勢所趨，此時居二爻亦利天下，乾卦旁通坤卦，「直方而大，德无不利」係出坤卦六二爻辭「直方大，不習无不利」，二爻當爲陰，二爻之數爲二，前已有述「地數」爲「二、四、六、八、十」之五數，然「二」爲地數之始，曰「地數始二」，此意謂著乾易開始變動、變易。又「地數之終」爲「十」，如屯卦六二爻「女子貞，不字，十年乃字。」注曰：

> 坤數十，三動反正，離女大腹，故十年反常乃字。謂成既濟定也。
> 〔註820〕

屯卦二至四爻互體爲坤，坤數、地數有五，而「十」乃爲地數之終，三爻不正而動，下卦成離，離爲女，有其大腹，曰「十年反常乃字」，十年回復正道方得妊娠。虞翻將「地數十」之「十」延伸爲「十年」之意。又豐卦初九爻注曰：「謂四失位，變成坤應初，坤數十」〔註821〕謂豐卦四爻失正而變，豐卦上卦成坤，坤之數爲十，《繫辭上傳》注曰：「謂二變則五來應之，體益卦，坤數十，震爲百里，十之，千里也」〔註822〕謂益卦二至四爻互體爲坤，坤數爲十，益卦下卦爲震，震有百里之逸象，「百里」之十倍爲「千里」，虞翻以地數之十與逸象加乘，進而應合經傳，可見虞翻不僅運用天數、地數之數，還與其它卦爻象關係結合以附合經傳之文。

〔註818〕〔漢〕鄭玄注；〔唐〕孔穎達疏：《禮記》（臺北：藝文印書館，2001 年），卷14，頁 283。
〔註819〕《周易集解》，頁 11。
〔註820〕同註819，頁 40。
〔註821〕同註819，頁 270。
〔註822〕同註819，頁 327。

（二）蓍策之數

依「天地之數」可知「天數」與「地數」之合爲五十五，蓍筮卜占爲了與之相應而有「大衍之數」，《繫辭上傳》「天一，地二；天三，地四；天五，地六；天七，地八；天九，地十。」注曰：

> 水、甲，火、乙；木、丙，金、丁；土、戊，水、己；火、庚，木、辛；金、壬，土、癸。此則大衍之數五十有五，蓍龜所從生，聖人以通神明之德，以類萬物之情。〔註823〕

天地之數爲五十五，後世聖人爲通神明、類萬物，以蓍筮占之，而大衍之數亦爲五十五，天數、地數爲簡化複雜之道而單以「數」類比，每一個數皆可擴大延伸其意，蓍策應對此理而造「大衍之數」，如氣論思想中每一物質皆有其意，但又不僅僅限縮於此物，反而是以此物爲出發、發展，天數、地數若爲天地萬物基礎之數，而大衍之數即爲象徵萬物變化的根本之數，不能道盡之萬物而以大衍之數比附。訟卦九二爻「其邑人三百戶，无眚。」注曰：

> 謂二變應五，乾爲百，坤爲戶，三爻，故三百戶。〔註824〕

訟卦二爻變動以陽變陰，而與九五相應，故成否卦，上卦爲乾，下卦爲坤，依大衍筮法，陽爻爲九揲三十六策，而三個陽爻即爲三十六策乘上三，總合爲一百零八策，取其整數爲百，故乾爲百，又坤爲戶，和三爻相結合而曰「三百戶」，此即以「蓍策之數」之變。又《繫辭下傳》「是故其辭危。危者使平，易者使傾。其道甚大，百物不廢；懼以終始，其要无咎，此之謂《易》之道也。」注曰：

> 「危」謂乾三，夕惕若屬，故「辭危」也。「大」謂乾道，乾三爻，三十六物，故有百物不廢，略其奇八；與大衍之五十同義。乾稱易道，終日乾乾，故「无咎」；危者使平，易者使傾，惡盈福謙，故「《易》之道」者也。〔註825〕

「乾三爻，三十六物，故有百物不廢，略其奇八」同其前例，依大衍筮法，陽爻爲九揲三十六策，乾三爻而有一百零八策，略其尾數八，此理與大衍之數五十五而略五相同。又震卦卦辭「亨，震來虩虩，笑言啞啞，震驚百里，不喪匕鬯。」注曰：

〔註823〕《周易集解》，頁344～345。

〔註824〕同註823，頁53。

〔註825〕同註823，頁396～397。

……謂陽從臨二，陰爲百二十，舉其大數，故當震百里也。……

〔註826〕

震卦由臨卦而來，陽息至臨卦之前，一陽之上有五陰，依大衍筮法，老陰之數爲六，代表六揲二十四策蓍草之數，有五個陰爻，五乘以二十四，得一百二十，故曰「陰爲百二十」，取其整數爲「百」。

（三）卦爻之數

《說卦傳》「兼三才而兩之，故《易》六畫而成卦。分陰分陽，迭用柔剛，故《易》六位而成章。」注曰：

> 謂參天兩地，乾、坤各三爻，而成六畫之數也。「迭」遞也，分陰爲柔以象夜，分陽爲剛以象晝，剛柔者，晝夜之象，晝夜更用，故「迭用柔剛」矣。「章」謂文理，乾三畫成天文，坤三畫成天理。〔註827〕

又《說卦傳》「參天兩地而倚數，觀變於陰陽而立卦，發揮於剛柔而生爻。」注曰：

> 「倚」立，「參」三也，謂分天象爲三才，以地兩之，立六畫之數，故「倚數」也。謂立天之道，曰陰與陽，乾坤剛柔立本者，「卦」謂六爻，陽變成震、坎、艮，陰變成巽、離、兌，故立卦：六爻三變，三六十八，則十有八變而成卦，八卦而小成是也。《繫》曰：「陽一君二民，陰二君一民」，不道乾、坤者也。謂立地之道，曰柔與剛，「發」動，「揮」變，變剛生柔爻，變柔生剛爻，以三爲六也，因而重之，爻在其中，故「生爻」。〔註828〕

聖人將天象分爲三才，再配之以地，重而爲兩，乾卦三爻、坤卦三爻，以六個爻位成「六畫之數」，天數以一、三、五總合爲「九」，「九」爲老陽之數，地數以二、四總合爲「六」，「六」爲老陰之數，老陽之「九」與老陰之「六」皆變，因此天象之三才重而地兩，立六畫之數，然其中含括「陰陽之數」的變動以成就六爻之畫。卦爻之變爲「變剛生柔爻，變柔生剛爻」，本於天象之「三」，重而爲「六」，此「三」、「六」皆指爻而言。故知六畫之數有天有地，有乾有坤，不是偏頗一方，六畫之中亦包含天文及天理。

又《繫辭上傳》「參伍以變，錯綜其數，通其變，遂成天地之文，極其數，

〔註826〕《周易集解》，頁250
〔註827〕同註826，頁405。
〔註828〕同註826，頁403～404。

遂定天下之象，非天下之至變，其孰能與於此！」注曰：

> 逆上稱「錯」，「綜」理也；謂五歲再閏，再扐而後掛，以成一爻之
> 變，而倚六畫之數；卦從下升，故「錯綜其數」，則三天兩地而倚數
> 者也。變而通之，觀變陰陽始立卦，乾坤相親，故「成天地之文」；
> 物相雜，故曰文。「數」，六畫之數，六爻之動，三極之道，故定天
> 下吉凶之象也。謂參伍以變，故能成六爻之義，六爻之義易以貢也。
> 〔註829〕

「六畫之數」即為一卦六爻之變化，前文已揭「三天兩地而倚數者」天象為
三，重覆地數之二，而確立其六爻之數，此「數」即指一卦中的六個爻位之
數，此六爻變動表徵天、地、人三才之道。而「參伍以變」見王船山《周易
內傳》曰：「參者，異而相入，陰入陽中，陽入陰中之謂也；伍者，同而相偶，
陰陽自為行列之謂也。奇偶之變為八卦，八卦之變為六十四卦，其象或參或
伍，相為往來，而象各成矣。」〔註830〕「參」為陰陽參雜在一起，「伍」為陽
爻與陽爻、陰爻與陰爻並列排比，王船山認為一卦六爻之象不是「參」即為
「伍」，陰陽爻相互並列或參雜在一起，以成就一卦，一卦六爻中各具其意義，
每個爻所富涵之意乃為變動之吉凶。

訟卦上九爻「終朝三褫之」注曰：

> 應在三，三變時，艮為手，故「終朝三扡之」。〔註831〕

訟卦上九爻與六三爻相應，三爻變動之正而二爻亦隨其變動，故下卦為艮，
艮為手，「終朝三扡之」之「三」即為爻位三也。又既濟卦九三爻「三年克之」
注曰：

> 坤為年，位在三，故三年。〔註832〕

既濟卦由泰卦而來，泰卦上卦為坤，坤為年，此指九三爻，虞翻直接將坤象
之「年」與三爻之「三」結合曰「三年」。上文兩例即是將爻位所居之數運用
在解釋經傳文意上。

（四）卦氣之數

所謂「卦氣說」係將卦爻與節氣相配，如《說卦傳》中「帝出乎震」

〔註829〕《周易集解》，頁342。
〔註830〕〔清〕王夫之撰：《周易內傳》（臺北：廣文書局《易學叢書》，1971年），卷
　　　　　5，頁506。
〔註831〕同註829，頁55。
〔註832〕同註829，頁304。

〔註833〕及「萬物出乎震，震，東方也。」〔註834〕，孟喜將震、離、坎、兌等四卦曰「四正卦」，「四正卦」主四時、值二十四節氣，而又以「十二消息卦」配以十二個月份，如下如所示：

圖表12：十二月消息圖

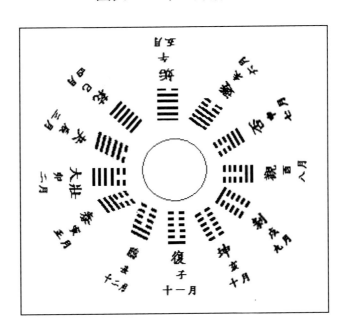

而《說卦傳》「數往者順，知來者逆，是故《易》逆數也。」注曰：

> 謂坤消從午至亥，上下，故「順」也。謂乾息從子至巳，下上，故「逆」也。「易」謂乾易，故「逆數」。〔註835〕

於「十二月消息卦」中，坤陰息長由「姤卦」值五月、午，「遯卦」值六月、未，「否卦」值七月、申，「觀卦」值八月、酉，「剝卦」值九月、戌，「坤卦」

〔註833〕「帝出乎震」全文爲：《說卦傳》曰：「帝出乎震，齊乎巽，相見乎離，致役乎坤，說言乎兌，戰乎乾，勞乎坎，成言乎艮。」《周易正義》，頁183。

〔註834〕「萬物出乎震，震，東方也」全文爲：《說卦傳》曰：「萬物出乎震，震，東方也；齊乎巽，巽，東南也，齊也者，言萬物之絜齊也；離也者，明也，萬物皆相見，南方之卦也，聖人南面而聽天下，嚮明而治，蓋取諸此也；坤也者，地也，萬物皆致養焉，故曰致役乎坤；兌，正秋也，萬物之所說也，故曰說言乎兌；戰乎乾，乾，西北之卦也，言陰陽相薄也；坎者，水也，正北方之卦也，勞卦也，萬物之所歸也，故曰勞乎坎；艮，東北之卦也，萬物之所成終，而所成始也，故曰成言乎艮。」《周易正義》，頁184。

〔註835〕《周易集解》，頁406。

值十、亥，曰「坤消從午至亥」，順序如上圖由上而下，曰「順」；然若爲乾陽息長則「復卦」值十一月、子，「臨卦」值十二月、丑，「泰卦」值正月、寅，「大壯卦」值二月、卯，「夬卦」值三月、辰，「乾卦」值四月、巳，曰「乾息從子至巳」，順序由下而上，曰「逆」，「易」所指爲乾易，故稱其爲「逆數」，而此「數」乃爲卦氣說中十二月消息卦之息卦的部份。又臨卦卦辭「至于八月有凶」注曰：

> 與遯旁通，臨消於遯，六月卦也，於周爲八月，遯弒君父，故至於八月有凶。〔註836〕

臨卦與遯卦旁通，遯卦於「十二月消息卦」中值六月、未，此「六月」即夏曆之六月，而周曆爲八月。夏曆建寅，以寅月爲正月，而周曆建子，以子月爲正月。故虞翻以「六月」、「八月」之數，係指卦氣說而言。

（五）月體納甲之數

「月體納甲說」係以月相圓缺盈虧與十天干相互應配，十天干中以「甲」爲首，故曰「納甲」，《周易參同契》曰：

> 三日出爲爽，震庚受西方。八日兌受丁，上弦平如繩。十五乾體就，盛滿甲東方。蟾蜍與兔魄，日月氣雙明。蟾蜍視卦節，兔者吐生光。七八道已訖，屈折低下降。十六轉受統，巽辛見平明。艮值於丙南，下弦二十三。坤乙三十日，東北喪其朋。節盡相禪與，繼體復生龍。壬癸配甲乙，乾坤括始終。〔註837〕

又曰：

> 坎戊月精，離己日光。日月爲易，剛柔相當。〔註838〕

故可得「乾卦」納甲、壬，爲每月十五日，月滿之相，值東方；「坤卦」納乙、癸，爲每月三十日，月消，值東方；「艮卦」納丙，爲每月二十三日，下弦月，值南方；「兌卦」納丁，爲每月二十三日，上弦月，值南方；「坎卦」納戊，位屬中央；「離卦」納己，位屬中央；「震卦」納庚，爲每月三日，月相始生，值西方；「巽卦」納辛，爲每月十七日，月相始消，值西方。而震卦六二爻「震來厲，億喪貝，躋于九陵，勿逐，七日得。」注曰：

〔註836〕《周易集解》頁 109。

〔註837〕劉國樑注譯；黃沛榮先生校閱：《新譯周易參同契》（臺北：三民書局，2010年），頁 23～28。

〔註838〕同註836，頁 16。

……震爲逐，謂四巳體復象，故喪貝勿逐；三動時，離爲日，震數七，故「七日得」者也。〔註839〕

震有逐之逸象，四爻變動之正後而成復卦，三爻動而下卦爲離，離爲日，「月體納甲說」中震卦納庚，十天干排列順序「庚」爲七，故曰「震數七」，以此而稱「七日得」。

（六）六虛之數

「十天干」和「十二地支」相配，總有六十種組合，起首爲「甲子」，故名之爲「六十甲子」。以六十甲子計日，每一行爲十日，爲一旬，總計有六行，六旬，又每行之首以十天干、十二地支名之，例如：「甲子旬」、「甲戌旬」、「甲申旬」、「甲午旬」、「甲辰旬」、「甲寅旬」。如下圖所示：

圖表13：六十甲子之孤虛

					虛						孤（旬空）
甲子旬	甲子	乙丑	丙寅	丁卯	戊辰	己巳	庚午	辛未	壬申	癸酉	子旬中 戌、亥空甲
甲戌旬	甲戌	乙亥	丙子	丁丑	戊寅	己卯	庚辰	辛巳	壬午	癸未	戌旬中 申、酉空甲
甲申旬	甲申	乙酉	丙戌	丁亥	戊子	己丑	庚寅	辛卯	壬辰	癸巳	申旬中 午、未空甲
甲午旬	甲午	乙未	丙申	丁酉	戊戌	己亥	庚子	辛丑	壬寅	癸卯	午旬中 辰、巳空甲
甲辰旬	甲辰	乙巳	丙午	丁未	戊申	己酉	庚戌	辛亥	壬子	癸丑	辰旬中 寅、卯空甲

〔註839〕《周易集解》，頁252。

甲寅旬	甲寅	乙卯	丙辰	丁巳	戊午	己未	庚申	辛酉	壬戌	癸亥	旬中 子、丑空甲寅

《繫辭下傳》「《易》之爲書也不可遠，爲道也屢遷，變動不居，周流六虛，上下无常，剛柔相易，不可爲典要，唯變所適。」注曰：

> 「遷」徙也，日月周流，上下無常，故「屢遷」也。「變」易，「動」行。「六虛」六位也。日月周流，終而復始，故「周流六虛」。謂甲子之旬辰、巳虛，坎戊爲月，離己爲日，入在中宮，其處空虛，故稱「六虛」，五甲如次者也。……〔註840〕

南朝宋裴駰《史記集解・龜策列傳》集解「日辰不全，故有孤虛。」中曰：「甲、乙謂之日，子、丑謂之辰。《六甲孤虛法》：甲子旬中無戌、亥，戌、亥即爲孤，辰、巳即爲虛；甲戌旬中無申、酉，申、酉爲孤，寅、卯即爲虛；甲申旬中無午、未，午、未爲孤，子、丑即爲虛；甲午旬中無辰、巳，辰、巳孤，戌、亥即爲虛；甲辰旬中無寅、卯，寅、卯爲孤，申、酉即爲虛；甲寅旬中無子、丑，子、丑爲孤，午、未即爲虛。」〔註841〕「孤」或又言「旬空」，係指「甲子旬」中少了十二地支中的「戌」、「亥」；「甲戌旬」中少了地支「申」、「酉」；「甲申旬」中少了地支「午」、「未」；甲午旬」中少了地支「辰」、「巳」；「甲辰旬」少了地支「寅」、「卯」；「甲寅旬」中少了「子」、「丑」。「虛」係指「十天干」中位於中央之「戊」、「己」，凡與所相配的十二地支。例如：「甲子旬」中「戊」配「辰」，「己」配「巳」，則「辰」與「巳」爲「虛」，而「甲戌旬」虛其「寅」、「卯」；「甲申旬」虛其「子」、「丑」；「甲午旬」虛其「戌」、「亥」；「甲辰旬」虛其「申」、「酉」；「甲寅旬」虛其「午」、「未」。故文中所謂「六虛」或六個「旬空」、「孤」皆以天干及地支配對之數所生。

〔註840〕《周易集解》，頁389～390。

〔註841〕〔漢〕司馬遷撰；〔宋〕裴駰集解；〔唐〕司馬貞索隱：《史記》（臺北：藝文印書館，2005年），卷67，頁884～885。

第六章　虞翻之「至神謂易」論

第一節　易有太極，是生兩儀

一、「《易》有太極，是生兩儀」

　　虞翻《易》注中有部份以「易」指《周易》之書〔註1〕，或將《易》當本體而論，如《繫辭下傳》「仰則觀象於天，俯則觀法於地，觀鳥獸之文，與地之宜，近取諸身，遠取諸物，於是始作八卦。」注曰：

　　謂庖犧觀鳥獸之文，則天八卦效之，《易》有太極，是生兩儀，兩儀生四象，四象生八卦，八卦乃四象所生，非庖犧之所造也，故曰「象者，像此者也」，則大人造爻象以象天，卦可知也。而讀《易》者咸

〔註1〕以「易」爲《周易》者有：《繫辭上傳》「子曰：『夫《易》何爲者也？夫《易》開物成務，冒天下之道，如斯而已者也。』」虞翻注：「問《易》何爲取天地之數也？……」《周易集解》，頁345；《繫辭下傳》「是故《易》者，象也；象也者，像也。象者，材也；爻也者，效天下之動者也。是故吉凶生而悔吝著也。」虞翻注：「『《易》』謂日月在天成八卦象，縣象著明，莫大日月是也。……」《周易集解》，頁368；《繫辭下傳》「《易》之興也，其於中古乎？作《易》者，其有憂患乎？」虞翻注：「興《易》者，謂庖犧也。……」《周易集解》，頁385；《繫辭下傳》「其出入以度，外內使知懼，又明於憂患與故，无有師保，如臨父母。」虞翻注：「……作《易》者其有憂患乎？……」《周易集解》，頁390；《繫辭上傳》「聖人以此洗心，退藏於密，吉凶與民同患，神以知來，知以藏往，其孰能與於此哉！古之聰明睿知神武而不殺者夫！」虞翻注：「……陽吉陰凶，坤爲民，故『吉凶與民同患』，謂作《易》者其有憂患也。……。」，頁347。〔唐〕李鼎祚輯：《周易集解》（臺北：臺灣商務印書館，2004年10月）。

以爲庖犧之時，天未有八卦，恐失之矣。天垂象，示吉凶，聖人象
之，則天已有八卦之象。〔註2〕

虞翻認爲八卦爲天之自然垂象，庖犧觀象而作，八卦並非庖犧獨創而造，係
天已有之，而天之八卦是「太極」生「兩儀」，「兩儀」生「四象」，「四象」
乃生「八卦」，值得注意者爲「《易》有太極」之「易」是指《周易》之書？
或爲虞翻的本體宇宙思想？從上下文字推論，虞翻以「易」稱《周易》之書，
但又兼論書中之道，一則用以詮釋《周易》之理，另則藉以註解說明宇宙創
生過程。另外值得注意者爲「《易》有太極」涵意爲何？一爲「易」於概念
上大於「太極」，「易」將「太極」包含其中，「易有太極」之「有」是在說
明「易」涵蓋範圍廣大，「太極」以「易」爲至上之道，於語言邏輯上可作
如此解釋，亦爲虞翻思想體系中的邏輯性建構。二爲「易」即「太極」，但
虞翻注解中以「太極」來形容宇宙本體之文甚少，反而常以「易」來闡明本
體，「易」與「太極」於位階概念上極爲相似，且「易」展現於萬物之中，
故本文以「易」即「太極」來論述虞翻思想。《繫辭上傳》「《易》與天地準，
故能彌綸天地之道。」注曰：

「準」同也，「彌」大，「綸」絡：謂《易》在天下，包絡萬物，以
言乎天地之間則備矣，故「與天地準」也。〔註3〕

又《繫辭上傳》「夫《易》廣矣，大矣！以言乎遠則不禦，以言乎邇則靜而止，
以言乎天地之間則備矣。」注曰：

乾象動直，故「大」；坤形動闢，故「廣」也。「禦」止也，「遠」謂
乾天，高不禦也。「地」謂坤，坤至靜而德方，故「正」也。謂《易》
廣大悉備，有天、地、人道焉，故稱「備」也。〔註4〕

《易》包含天地萬物，而萬物具體爲天道、地道與人道，換言之，三者齊備
方稱《易》道，《繫辭上傳》「子曰：『《易》，其至矣乎！夫《易》，聖人所以
崇德而廣業也；知崇禮卑，崇效天，卑法地；天地設位，而《易》行乎其中
矣；成性存存，道義之門。』」注曰：

「崇德」效乾，「廣業」法坤也。「知」謂乾，效天崇；「體」謂坤，
法地卑也。「位」謂六畫之位，乾、坤各三爻，故「天地設位」；《易》

〔註2〕 《周易集解》，頁363。
〔註3〕 同註2，頁318。
〔註4〕 同註2，頁323。

出乾入坤，上下無常，周流六虛，故「《易》行乎其中」也。知終終
之，可與存義也，乾爲道門，坤爲義門，「成性」謂成之者性也，陽
在道門，陰在義門，其《易》之門耶？〔註5〕

以乾坤《易》道說明卦爻與聖賢之道，《易》道出於乾、入於坤，在上下六
爻之位流行往來，乾之象爲道門，坤之象爲義門，而《易》道包含乾坤、道
義，坤地相合於乾天進而成就萬物之性，故知「易」不僅存於萬物本源之始，
亦流行運動於天地萬物中。

二、「太極，太一也」

虞翻以「易」、「太極」爲萬物之本，而「太極」、「兩儀」、「四象」、「八
卦」所指爲何亦有具體說明，《繫辭上傳》「是故《易》有太極，是生兩儀，
兩儀生四象，四象生八卦，八卦定吉凶，吉凶生大業。」注曰：

「太極」，太一也，分爲天地，故「生兩儀」也。「四象」四時也，「兩
儀」謂乾坤也：乾二、五之坤成坎、離、震、兌，震春兌秋，坎冬
離夏，故「兩儀生四象」，歸妹卦備，故《象》獨稱「天地之大義也」。
乾二、五之坤，則生震、坎、艮：坤二、五之乾則生巽、離、兌，
故「四象生八卦」。乾、坤生春，艮、兌生夏，震、巽生秋，坎、離
生冬者也。陽生則吉，陰生則凶，謂方以類聚，物以群分，吉凶生
矣：已言於上，故不言「生」，而獨言「定吉凶」也。〔註6〕

對於宇宙本源、本始，秦漢時期盛行以「太一」名之，其意近於「太極」，《呂
氏春秋·大樂》曰：「太一出兩儀，兩儀出陰陽。」〔註7〕《淮南子·詮言》
曰：「洞同天地，渾沌爲樸，未造而成物，謂之太一。」〔註8〕《禮記·禮
運》孔穎達疏曰：「太一者，謂天地未分，混沌之元氣也。極大日天，未分
日一。」〔註9〕虞翻亦稱「太極」爲「太一」，可分爲天地，天地係指乾坤
之兩儀，兩儀而生四象，乾卦二、五兩爻與坤卦互易而有坎、離、震、兌之

〔註5〕 《周易集解》，頁324～325。

〔註6〕 同註5，頁349。

〔註7〕 陳奇猷著：《呂氏春秋校釋》（臺北：華正書局，2004年），卷5，頁255。

〔註8〕 〔漢〕劉安撰：《淮南子》（臺北：臺灣商務印書館《四部叢刊》初編子部據
上海涵芬樓景印劉泖生影寫北宋本，1979年），卷14，頁162。

〔註9〕 〔漢〕鄭玄注；〔唐〕孔穎達疏：《禮記》（臺北：藝文印書館《十三經注疏》，
2001年），卷22，頁438。

四象，四象分別象徵春夏秋冬四時，此為「卦氣說」中之「四正卦」值四時，而乾二、五之坤，亦代表坤二、五之乾，而成坎、離兩別卦，坎卦之下卦為坎，二、三、四爻互體為震，三、四、五爻互體為艮，離卦之下卦為離，二、三、四爻互體為巽，三、四、五爻互體為兌，故八卦皆備，「乾、坤生春，艮、兌生夏，震、巽生秋，坎、離生冬者也」以月體納甲說來闡明八卦與四季之關聯。「乾二、五之坤」之「兩儀生四象」與「乾二、五之坤，則生震、坎、艮；坤二、五之乾則生巽、離、兌」之「四象生八卦」，卦爻產生的順序時間應為一致，但虞翻為解釋二者前後有別而分別論述，前者以「卦氣說」論四時，後者則歸於「月體納甲說」中，故「兩儀」、「四象」、「八卦」皆由「太極」、「太一」而生，更印證宇宙生成之始為「太極」，「太極」即「太一」，《易》有太極，《易》道包含太極，以太極為《易》具體發顯之端，而以太極來說本體更能將本體宇宙之《易》道與「《易》」之書有所區隔。《繫辭下傳》「天下之動，貞夫一者也。」注曰：

> 「一」謂乾元，萬物之動，各資天一陽氣以生，故「天下之動，貞夫一者也」。〔註10〕

太極即太一，而「一」為乾元，乾為天，元為始，故稱「天一」，萬物始動乃依乾元、天一之陽氣，但前文已述「太極」可分「天」、「地」，「天地」生乾坤兩儀，此處值得注意之處為「太一」與「一」其義相同嗎？是為前後位階之關係？筆者認為「太一」、「太極」與「易」相當，虞翻將此視為本體宇宙義，而「一」為乾元、天一且存陽氣，而不言陰陽未分之元氣，亦不言陰氣與陽氣生萬物，足見與兩儀之天地、乾坤、陰陽有別，而存在於天地之先，總而論之，「太極」即「太一」，「太一」生「兩儀」、「四象」、「八卦」，而生「兩儀」之前並非陰陽兩儀同時活動，而是乾元之陽氣開始運動，陽氣於生成萬物有主宰義、先發義，因此，「太一」、「一」、「兩儀」、「四象」、「八卦」之宇宙發生論，「一」係為「太極生兩儀，兩儀生四象⋯⋯」之說法中，更仔細闡論「太極」本體如何生化萬物之過程。

三、「至神謂易」

虞翻以「《易》」為「至神」、「神」，而「至神」與「神」為《易》之作

〔註10〕《周易集解》，頁360。

用與活動，《繫辭上傳》「《易》无思也，无爲也，寂然不動，感而遂通天下之故，非天下之至神，其孰能與於此！」注曰：

> 天下何思何慮，同歸而殊途，一致而百慮，故无所爲，謂其靜也專。謂隱藏坤初，幾息矣，專故「不動」者也。「感」動也，以陽變陰，通天下之故，謂發揮剛柔而生爻者也。「至神」謂《易》，隱初入微，知幾其神乎！〔註11〕

《易》爲「至神」，以乾卦初爻爲例，說明乾卦初爻隱藏於坤卦初爻之中，並進入微妙細緻之部份，知曉事物變動之初，故「易」有神妙之用。又以「神」稱呼「《易》」，《繫辭上傳》「鼓之舞之以盡神。」注曰：

> 「神」《易》也，陽息震爲鼓，陰消巽爲舞，故「鼓之舞之以盡神」。
> 〔註12〕

又《繫辭上傳》「夫《易》，聖人之所以極深而研幾也。唯深也，故能通天下之志；唯幾也，故能成天下之務；唯神也，故不疾而速，不行而至。」注曰：

> 「深」謂幽贊神明，无有遠近幽深，遂知來物，故「通天下之志」，謂蓍也。「務」事也，謂《易》研幾開物，故「成天下之務」，謂卦者也。「神」謂《易》也。謂日、月、斗在天，日行一度，月行十三度，從天西轉，故「不疾而速」；星寂然不動，隨天右周，感而遂通，故「不行而至」者也。〔註13〕

易之神妙不僅「隱初入微」，更具體表現在陰陽消息與日、月、星斗之運行，陽息而爲震，陰消而爲巽，於陽息陰消之理稱爲「盡神」，易即神，盡易之道即易之神於日月行度的展現，從天西轉之「不疾而速」，星斗不動而隨天右轉。此外，易神又有陰陽不測之特性，《繫辭上傳》「子曰：『知變化之道者，其知神之所爲乎！』」注曰：

> 在陽稱「變」，乾五之坤；在陰稱「化」，坤二之乾。陰陽不測之謂神，知變化之道者，故知神之所爲。諸儒皆上「子曰」爲章首，而荀、馬又從之，甚非者矣。〔註14〕

易神變化有陰陽不測之性質，《周易》陰陽消息變化之道係變動不拘、轉化不測，若知變化之道則得易神之道。《繫辭下傳》「神農氏沒，黃帝、堯、舜氏

〔註11〕《周易集解》，頁343。
〔註12〕同註11，頁354。
〔註13〕同註11，頁343～344。
〔註14〕同註11，頁340。

作，通其變，使民不倦；神而化之，使民宜之。」注曰：

> 變而通之以盡利，謂作舟楫、服牛乘馬之類，故「使民不倦」也。「神」
> 謂乾，乾動之坤，化成萬物，以利天下，坤為民也，象其物宜，故
> 「使民宜之」也。〔註15〕

「易」稱「至神」、「神」，又以「神」稱「乾」，前文提及易為太極，太極生兩儀的過程中又有「一」之乾元陽氣，足見陽氣發動早於陰氣，故陽氣有主宰義、創生義，論及易之至神而將近於易道之乾亦稱為神，《繫辭上傳》「是以君子將有為也，將有行也，問焉而以言，其受命也如響，无有遠近幽深，遂知來物，非天下之至精，其孰能與於此！」注曰：

> ……言神不疾而速，不行而至，不言善應：乾二、五之坤成震、巽，
> 巽為命，震為響，故「受命」，同聲相應，故「如響」也。「遠」謂
> 天，「近」謂地，「深」謂陽，「幽」謂陰，「來物」謂乾神，神以知
> 來，感而遂通，謂幽贊神明而生蓍也。「至精」謂乾，純粹精也。
> 〔註16〕

神為「不疾而速，不行而至，不言善應」，乾神為「來物」，係知神之欲來，神即陰陽不測之作用，能知不測之道，則可馭駕其道，又「乾神『知來』，坤知『藏往』」〔註17〕、「神以知來，知以藏往」〔註18〕、「神以知來，故明憂患；知以藏往，故知事故」〔註19〕虞翻常以「乾」稱「神」而得以知來，以「坤」稱「知」而得以藏往，「易」稱「至神」、「神」，而「乾」亦與「神」並稱，可再證虞翻思想以「易」為本體，而「乾」非陰陽相對之一方，「乾」近於「易」，或有同於「易」之概念。

四、易之道

卦爻中之易道變動不已，但在乾坤陰陽則有不同的展現之道，《繫辭下傳》「若夫雜物巽德，辨是與非，則非其中爻不備。」注曰：

> 「撰德」謂乾，「辯」別也，「是」謂陽，「非」謂陰也；「中」正，
> 乾六爻二、四、上非正，坤六爻初、三、五非正，故「雜物」；因而

〔註15〕 《周易集解》，頁365。
〔註16〕 同註15，頁341～342。
〔註17〕 同註15，頁347。
〔註18〕 同註15，頁384。
〔註19〕 同註15，頁390。

重之，爻在其中，故「非其中」則爻辭不備；道有變動，故曰爻也。
〔註20〕

又《繫辭上傳》「乾坤，其《易》之縕邪？」注曰：

「縕」藏也，《易》麗乾藏坤，故爲「《易》之縕」也。〔註21〕

卦體之爻居中而變動不已，象徵《易》道上下往來不停地動移，《易》道附麗於乾天、藏匿於坤地，而稱爲乾坤之蘊藏，「麗乾藏坤」係說卦爻之間《易》道對應陰陽乾坤之關係。《繫辭下傳》「是故其辭危。危者使平，《易》者使傾。其道其大，百物不廢；懼以終始，其要无咎，此之謂《易》之道也。」注曰：

「危」謂乾三，夕惕若屬，故「辭危」也。「大」謂乾道，乾三爻，三十六物，故有百物不廢，略其奇八；與大衍之五十同義。乾稱易道，終日乾乾，故「无咎」；危者使平，易者使傾，惡盈福謙，故《易》之道」者也。〔註22〕

《易》道能使人處危厲險峻者歸趨平安，使慢易懈怠者變而傾覆，祐助謙遜者，厭惡驕盈者，乾有「終日乾乾」之剛健不息，故「乾」亦稱爲「易道」。

《易》道可分「天道」、「地道」、「人道」，乾卦《小象傳》「『終日乾乾』，反復道也。」注曰：

至三體復，故「反復道」。謂否泰反其類也。〔註23〕

又臨卦《彖傳》「臨，剛浸而長，說而順，剛中而應，大亨以正，天之道也。」注曰：

「剛」謂二也；兌爲水澤，自下浸上，故「浸而長」也。「說」兌也，「順」坤也。「剛中」，謂二也，四陰皆應之，故曰「而應」。「大亨以正」，謂三動成乾，天得正爲泰，天地交通，故「亨以正，天之道也」。〔註24〕

上文乃基於乾坤相對之十二月陰陽消息上立說，「至三體復」係言陽息至三，乾卦下卦三爻之乾已經恢復，天道得以重現。下文「三動成乾，天得正爲泰，天地交通」言臨卦三爻變動而下卦成乾，天得其正而形成泰卦，天地相交則爲天道，故「天道」係指卦體六爻所存「乾陽之道」，即所謂「乾稱易道」

〔註20〕《周易集解》，頁 392。
〔註21〕同註 20，頁 354。
〔註22〕同註 20，頁 396～397。
〔註23〕同註 20，頁 6。
〔註24〕同註 20，頁 109。

之表現，更重視天地相互往來方能通暢達意，而非固守乾道而不與溝通。革卦卦辭「已日乃孚，元亨，利貞，悔亡。」注曰：

> 遯上之初，與蒙旁通。「悔亡」謂四也，四失正，動得位，故「悔亡」。
> 離爲日，「孚」謂坎，四動體離，五在坎中，故「己日乃孚」，以成
> 既濟。乾道變化，各正性命，保合太和，乃利貞，故「元亨，利貞，
> 悔亡」矣；與乾《彖》同義也。〔註25〕

又「陽爲道，故『復其道』」〔註26〕，《易》道包含天、地、人之道，天道又稱乾道、陽道，乾道變化而萬物各正性命，天地宇宙保持著和諧狀態，則利於守正。訟卦六三爻「或從王事，无成。」注曰：

> 乾爲王，二變否時，坤爲事，故「或從王事」。道无成而代有終，故
> 曰「无成」。坤三同義也。〔註27〕

訟卦上卦爲乾，二爻變動而下卦爲坤，成其否卦，否卦下卦爲坤，「道无成而代有終」指變動後之否卦下卦之坤，坤地之道看似無所成就卻有代替天道完成化育之功。至於《易》道中的人道，家人卦《彖傳》「家人，女正位乎內，男正位乎外；男女正，天地之大義也。家人有嚴君焉，父母之謂也。父父，子子，兄兄，弟弟，夫夫，婦婦，而家道正。正家，而天下定矣。」注曰：

> 遯乾爲天，三動坤爲地；男得天，正於五，女得地，正於二，故「天
> 地之大義也」。遯乾爲父，艮爲子，三、五位正，故「父父，子子」；
> 三動時，震爲兄，艮爲弟，初位正，故「兄兄，弟弟」；三動時，震
> 爲夫，巽四爲婦，初、四位正，故「夫夫，婦婦」也。〔註28〕

又泰卦《大象傳》「天地交，泰；后以財成天地之道，輔相天地之宜，以左右民。」注曰：

> 「后」，君也；陰升乾位，坤女主，故稱「后」。坤富稱「財」，守位
> 以人，聚人以財，故曰「成天地之道。」「相」，贊；「左右」，助之。
> 震爲左，兌爲右，坤爲民；謂以陰輔陽。《詩》曰：「宜民宜人，受
> 祿于天。」〔註29〕

遯卦上卦爲乾，三爻變動而下卦爲坤，乾天坤地爲卦爻中之正道，相應於人

〔註25〕《周易集解》，頁240。
〔註26〕同註25，頁130。
〔註27〕同註25，頁54。
〔註28〕同註25，頁183～184。
〔註29〕同註25，頁76。

事如乾男得天且五爻得正，坤女得地且二爻爲正，乾坤男女立於天地之正位，此男女正道擴大而爲「父父，子子」、「兄兄，弟弟」、「夫夫，婦婦」。又坤之象爲富，富即有財，鞏固君位則需聚人，聚人則賴以其財，藉此立定上下尊卑，此爲人道之關係，人道顯朗則契應天地之正道，人道之展現於君臣、父子、夫婦、兄弟彼此對應合宜的互動之中。

第二節　乾始開道，以陽通陰

一、乾陽坤陰

（一）「乾陽物也，坤陰物也」

虞翻以「乾」代表別卦之乾、經卦之乾、陽爻，益卦上九爻「莫益之，或擊之，立心勿恆，凶。」注曰：

> 「莫」，无也，自非上，无益初者，唯上當无應，故「莫益之」矣。
>
> 謂上不益初，則以剝滅乾，艮爲手，故「或擊之」。上體巽爲進退，
>
> 故「勿恆」，動成坎心，以陰乘陽，故「立心勿恆凶」矣。〔註30〕

又小畜卦《小象傳》「『復自道』，其義吉也。」注曰：

> 謂從豫四之初，成復卦，故「復自道」。出入无疾，朋來无咎，「何
>
> 其咎？吉」乾稱道也。〔註31〕

「謂上不益初，則以剝滅乾」益卦上爻爲陽爻而下卦中唯有初爻爲陽爻，但初爻與上爻不相應，不能相互增益，益卦是由否卦而來，否卦上爻至初爻之位，而剝消上卦之乾，故知「乾」代表「陽爻」。後文曰豫卦四爻之陽來至初爻之位，而成復卦，曰「復自道」，以復卦初九象喻小畜卦初九陽爻，而小畜卦下卦曰「乾稱道」，以乾象徵下卦三爻皆陽爻，故證「乾」爲「陽爻」。坤爲陰，虞翻《易》注中常以「坤陰」連用，如「坤陰爲方，上下應之，故『方來』也。」〔註32〕、「坤陰爲民」〔註33〕，同人卦《大象傳》「天與火，同人；君子以類族辨物。」注曰：

> 「君子」謂乾，師坤爲類，乾爲族；「辯」，別也，乾陽物，坤陰物。

〔註30〕《周易集解》，頁208～209。
〔註31〕同註30，頁67。
〔註32〕同註30，頁62。
〔註33〕同註30，頁142。

體姤，天地相遇，品物咸章，以乾照坤，故「以類族辯物」。謂方以
類聚，物以群分。孔子曰：「君子和而不同。」故於同人象見以類族
辯物也。〔註34〕

又未濟卦《大象傳》「火在水上，未濟；君子以慎辨物居方。」注曰：

「君子」，否乾也，艮爲慎，辨別也，「物」謂乾陽物也，坤陰物也，
艮爲居，坤爲方：乾別五以居坤二，故「以慎辨物居方」也。〔註35〕

同人卦《大象傳》闡明同人卦上卦之乾爲君子，師卦上卦之坤爲類，同人卦
上卦爲經卦乾，此「乾」爲三爻之陽所構成。未濟卦《大象傳》說明未濟卦
由否卦所來，此處所指「乾陽物，坤陰物」係指否卦之上下卦，而《繫辭下
傳》「復，小而辯於物。」注曰：「……乾陽物，坤陰物，以乾居坤，故稱別
物。」〔註36〕，又「《易》之爲書也，原始要終，以爲質也，六爻相雜，唯
其時物也。」注曰：「……乾陽物，坤陰物。」〔註37〕，故知虞翻將「乾」
表徵陽性之物，「坤」表徵陰性之物。《繫辭下傳》「其稱名也小，其取類也
大；其旨遠，其辭文；其言曲而中，其事肆而隱；因貳以濟民行，以明失得
之報。」注曰：

謂乾坤與六子，俱名八卦，而小成，故「小」；復小而辯於物者矣。
謂乾陽也，爲天、爲父，觸類而長之，故「大」也。「遠」謂乾，「文」
謂坤也。「曲」詘，「肆」直也，陽曲初震爲言，故「其言曲而中」；
坤爲事，隱未見，故「肆而隱」業。「二」謂乾與坤也，坤爲民，乾
爲行：行得則乾報以吉，行失則坤報以凶也。〔註38〕

又泰卦卦辭「小往大來，吉，亨。」注曰：

陽息坤，反否也。坤陰詘外，爲「小往」；乾陽信內，稱「大來」。
天地交，萬物通，故「吉亨」。〔註39〕

乾爲陽，象徵天、父，觸動同類而使其增長，故稱爲大，以乾陽象喻天地中
的天，而在六倫關係中象徵父，能使物生長之潛能，故又可稱爲大。而泰卦
以坤陰屈於外卦，由內而外曰往，坤陰曰小，故稱「小往」，「信」即伸，乾

〔註34〕《周易集解》，頁86。
〔註35〕同註34，頁308。
〔註36〕同註34，頁387。
〔註37〕同註34，頁392。
〔註38〕同註34，頁384～385。
〔註39〕同註34，頁75。

陽伸於內卦，由外而內曰來，乾陽曰大，故稱「大來」，總而論之，乾為陽，為天，為父，為大，為信，坤為陰，為地，為方，為小，為詘，此皆由乾為陽物、坤為陰物所秉之性質所引伸擴展而來。《繫辭下傳》「物相雜，故曰文。」注曰：

> 乾陽物，坤陰物；純陽純陰之時，未有文章，陽物入坤，陰物入乾，
> 更相雜，成六十四卦，乃有文章，故曰「文」。〔註40〕

乾為陽物，坤為陰物，虞翻認為乾陽入坤陰，坤陰交乾陽而成六十四卦，「純陽純陰之時，未有文章」闡明有純陽、純陰之時，而此時為乾坤陰陽尚未相交，六十四卦尚未成形。

（二）乾天坤地

以乾為天，以坤為地，乾可為經卦、別卦及一卦中之爻，復卦《象傳》「復，其見天地之心乎！」注曰：

> 坤為復，謂三復位時，離為見，坎為心；陽息臨成泰，乾天坤地，
> 故「見天地之心」也。〔註41〕

又恆卦《象傳》「天地之道恆久而不已也。」注曰：

> 泰乾、坤為天地，謂終則復始，有親則可久也。〔註42〕

上文皆以泰卦之上下卦為例，泰卦下卦為三爻之乾，上卦為三爻之坤，乾象徵天而坤象徵地。又歸妹卦《象傳》注曰：「乾天坤地，三之四，天地交」〔註43〕歸妹卦由泰卦而來，泰卦上下卦為坤及乾，而三、四爻相易似其天地之交，而成歸妹卦，另未濟卦卦辭「亨，小狐汔濟，濡其尾，无攸利。」注曰：「否二之五也，柔得中，天地交」〔註44〕說明未濟卦由否卦而至，否卦上卦為乾，下卦為坤，二、五相易為未濟，此以五爻之乾與二爻之坤相易位而稱天地交，此天地即乾坤。《繫辭下傳》「子曰：『乾坤其《易》之門邪？乾，陽物；坤，陰物也。陰陽合德，而剛柔有體。以體天地之撰，以通神明之德。』」注曰：

> 「合德」謂天地雜，保大和，日月戰；乾剛以體天，坤柔以體地也。

〔註40〕《周易集解》，頁395。
〔註41〕同註40，頁131。
〔註42〕同註40，頁163。
〔註43〕同註40，頁264。
〔註44〕同註40，頁306。

〔註45〕
乾之性剛，而天亦爲剛，故乾剛可體天，坤之性柔，而地亦爲柔，則坤柔可象地。而「陽『易』，指天；陰『險』，指地」〔註46〕、「『魂』陽物，謂乾神也；『變』爲坤鬼。……乾神似天，坤鬼似地」〔註47〕乾有剛性，天、陽亦剛，故乾、陽、天其性相近，而坤、陰、地其性爲同，乾坤、陰陽、天地皆創生萬物之元素，故虞翻常以各種不同名稱來象喻萬物生成之始。

（三）乾易坤簡

乾陽息長以「易」稱之，坤陰潛藏則稱爲「簡」，《繫辭上傳》「乾以易知，坤以簡能；易則易知，簡則易從；易知則有親，易從則有功。」注曰：

> 陽見稱「易」，陰藏爲「簡」，「簡」閱也；乾息昭物，天下文明，故「以易知」；坤閱藏物，故「以簡能」也。乾懸象著明，故「易知」；坤陰陽動闢，故「易從」，不習无不利，地道光也。陽道成乾爲父，震、坎、艮爲子，本乎天者親上，故「易知則有親」；以陽從陰，至五多功，故「易從則有功」矣。〔註48〕

乾陽息長而萬物得以生長，坤陰隱藏而易於容納萬物，乾天垂象鮮明而易見、易知，坤陰爲靜，乾陽爲動，動則開而易從，陽爲主而陰相從，至五爻故曰坤之易從而有功。此中值得注意者爲「坤陰陽動闢」其意爲何？係坤中有陰有陽而相互感動，或坤爲陰，陰常爲靜而動爲闢，筆者認爲「『方』謂闢，陰開爲方，坤，其靜也翕，其動也闢」〔註49〕坤有動靜，靜翕爲常態，動闢爲陰開，故此係指坤陰由常之靜而動，活動對象爲乾陽，故曰「易從」。另又知虞翻以乾陽爲首，坤陰爲從，陰之作用在陽之後。「『至嘖』无情，陰陽會通，品物流宕，以乾易坤簡之至也」〔註50〕品物流動成形是因陰陽交會相合，乾陽之平易與坤陰之包容相互作用，使「至嘖」無情而生萬物，「乾易坤簡」不僅說明乾坤之特性，亦道出乾坤主從之關係。《繫辭下傳》「夫乾，確然示人易矣；夫坤，隤然示人簡矣。爻也者，效此者也；象也者，像此者也。」注曰：

〔註45〕《周易集解》，頁383。
〔註46〕同註45，頁318。
〔註47〕同註45，頁318。
〔註48〕同註45，頁313。
〔註49〕同註45，頁34。
〔註50〕同註45，頁316。

> 陽在初，弗用，確然无爲，潛龍時也；不易世，不成名，故「示人
> 易」者也。「隤」安，「簡」閒也；坤以簡能，閒內萬物，故「示人
> 簡」者也。效法之謂坤，謂效三才以爲六畫。成象之謂乾，謂聖人
> 則天之象，分爲三才也。〔註51〕

乾陽在初爻堅定不動，如潛伏之龍，不因世俗所改易，不博取名聲，坤陰包容萬物而展現其能，效法乾天稱之爲坤地。乾陽常現而平易，示人以易，坤陰潛藏而包容，示人以簡，但坤簡爲效法乾天，以乾爲主，坤爲從。

（四）乾坤之特色質性

1. 乾之特色質性

乾爲陽，陽則剛強，故乾以剛爲性，虞翻常言「乾剛在上」〔註52〕、「乾剛坤柔」〔註53〕，甚以金堅來形容乾剛，《雜卦傳》「乾剛坤柔」注曰：

> 乾剛金堅，故「剛」；坤陰和順，故「柔」也。〔註54〕

乾之剛如金之堅，而乾陽於六爻往來之際，有動有靜，坤卦《文言傳》「『直』，其正也；『方』，其義也；君子敬以直內，義以方外，敬義立而德不孤。」注曰：

> 謂二。陽稱「直」，乾，其靜也專，其動也直，故「直其正」。「方」
> 謂闢，陰開爲方，坤，其靜也翕，其動也闢，故「方其義也」。陽息
> 在二，故「敬以直內」；坤位在外，故「義以方外」。謂陽見兌丁，
> 西南得朋，乃與類行，故「德不孤」，孔子曰：「必有鄰」也。〔註55〕

陽稱直，乾陽靜止時則專心一致，活動時則正直其事，與「其靜也翕，其動也闢」之坤有所區別，乾坤陰陽雖有動靜，但乾坤之常態亦不同，《繫辭上傳》「天尊地卑，乾坤定矣；卑高以陳，貴賤位矣；動靜有常，剛柔斷矣。」注曰：

> 天貴故「尊」，地賤故「卑」；「定」謂成列。乾高貴五，坤卑賤二，
> 列貴賤者存乎位也。「斷」分也，乾剛常動，坤柔常靜；分陰分陽，
> 迭用柔剛。〔註56〕

〔註51〕《周易集解》，頁360～361。
〔註52〕同註51，頁87。
〔註53〕同註51，頁38。
〔註54〕同註51，頁441。
〔註55〕同註51，頁34～35。
〔註56〕同註51，頁311。

乾陽為剛而常動，坤陰為柔而常靜，陰陽相互分別，卻也在卦爻間交替輪用。又乾為天，故有親上、體天之特性，《繫辭下傳》「生乎動者也；剛柔者，本立者也；變通者，趣時者也；吉凶者，貞勝者也。」注曰：

> 「動」謂爻也，爻者，效天下之動者也，爻象動內，吉凶見外，吉
> 凶生而悔吝著，故「生乎動」也。乾剛坤柔，為六子父母，乾天稱
> 父，坤地稱母，本天親上，本地親下，故「立本者也」。變通配四時，
> 故「趣時者也」。「貞」正也，「勝」滅也；陽生則吉，陰消則凶者也。
> 〔註57〕

又《繫辭下傳》「子曰：『乾坤其《易》之門邪？乾，陽物；坤，陰物也。陰陽合德，而剛柔有體。以體天地之撰，以通神明之德。』」注曰：

> 「合德」謂天地雜，保大和，日月戰；乾剛以體天，坤柔以體地也。
> 〔註58〕

乾為陽，為天，為父，天近於上，如地之近於地，故乾剛親上，乾既為天，體天則為常道。《繫辭上傳》「方以類聚，物以群分，吉凶生矣；在天成象，在地成形，變化見矣。」注曰：

> 物三稱「群」。坤方道靜，故「以類聚」；乾物動行，故「以群分」；
> 乾生故「吉」，坤殺故「凶」，則「吉凶生矣」。……〔註59〕

乾為陽物而常於動行，群倫品庶依氣類相同而相聚，乾陽之聚為主動的相連，坤陰之聚為被動的聚合，另外，乾之特性為息，故曰「生」，生則吉，坤之質性為消，故曰「殺」，殺則凶。總合以論，乾之特性係由陽之性而發微，因陽而剛，而天，而父，天而親上、體天，陽又稱直，故靜也專，動也直，乾主動而群分，乾陽為息，為生，故有大之意，可知乾之性質由陽之內在所潛存特性而至，因此虞翻於《易》注中以乾為陽，乾可指別卦、經卦，亦可稱卦體中之陽爻。

　　乾為陽，為息長，主生養之道，故「乾」有積極之意涵，「乾為德，……凡言『德』者，皆陽爻也。復初，乾之元，故『德之本也』。立不易方，守德之堅固。」〔註60〕、「『撰德』謂乾」〔註61〕、「乾善，故『良』也」〔註62〕、

〔註57〕《周易集解》，頁359～360。
〔註58〕同註57，頁383。
〔註59〕同註57，頁312。
〔註60〕同註57，頁385～386。
〔註61〕同註57，頁392。

「乾爲好，爲人」〔註63〕、「否乾爲好，爲君子」〔註64〕、「『祥』幾祥也，吉之先見者也；陽出，『變化云爲』；吉事爲祥，謂復初乾元者也。」〔註65〕、「乾爲神福」〔註66〕、「乾高貴五，坤卑賤二，列貴賤者存乎位也。」〔註67〕、「『聖人』謂乾」〔註68〕、「乾生故『吉』，坤殺故『凶』，則『吉凶生矣』」〔註69〕，以乾爲德，爲撰德，爲善，爲良，爲好，爲人之君子，爲聖人，爲祥，爲神福，爲高貴，爲吉，皆對「乾」作價值賦予，此價值思維有如太陽從地面升起，萬物萌發，充滿積極光明義。

乾爲陽，故虞翻常以「陽」代稱「乾」，如「陽稱美，在五中」〔註70〕、「陽稱嘉，位五正，故吉也」〔註71〕、「陽在三、四爲脩」〔註72〕、「陽稱福」〔註73〕、「謂乾成坤，反出於震而來復，陽爲道，故『復其道』」〔註74〕，陽爲美，爲嘉，爲脩養，爲福，爲道。尙有以陽爲實者，「據陰有實」〔註75〕以陽實而陰虛，「當位有實」〔註76〕指初爻之陽爲實，「已得以爲實」〔註77〕指三爻從陰變陽，而得其實。有以陽爲慶者，「五變之陽，故『有喜』；凡言喜慶，皆陽爻」〔註78〕賁卦五爻由陰變陽，故有喜慶，「陽爲慶，謂五也」〔註79〕陽爲慶者，虞翻多以卦爻之陽爻居九五之位而稱慶。有以陽爲大者，「陽稱大」〔註80〕、「大謂四」〔註81〕指大壯卦四爻爲陽，「二之五成益，小損大

〔註62〕《周易集解》，頁 417。
〔註63〕同註 62，頁 93。
〔註64〕同註 62，頁 169。
〔註65〕同註 62，頁 398。
〔註66〕同註 62，頁 92。
〔註67〕同註 62，頁 311。
〔註68〕同註 62，頁 113。
〔註69〕同註 62，頁 312。
〔註70〕同註 62，頁 36。
〔註71〕同註 62，頁 104。
〔註72〕同註 62，頁 222。
〔註73〕同註 62，頁 252。
〔註74〕同註 62，頁 130。
〔註75〕同註 62，頁 151。
〔註76〕同註 62，頁 110。
〔註77〕同註 62，頁 207。
〔註78〕同註 62，頁 123。
〔註79〕同註 62，頁 284。
〔註80〕同註 62，頁 145。
〔註81〕同註 62，頁 170。

益」〔註82〕指損卦二爻與五爻之陰陽互易，二爻由陽變陰，陰小，五爻由陰變陽，陽大，「大謂四」〔註83〕、「謂四也，陽稱大」〔註84〕皆指小過卦四爻為陽。而離卦《大象傳》「明兩作，離；大人以繼明照于四方。」注曰：

> 「兩」謂日與月也。乾五之坤成坎，坤二之乾成離，離坎，日月之象，故「明兩作，離」。「作」成也。日月在天，動成萬物，故稱「作」矣。或以日與火為「明兩作」也。陽氣稱大人，則乾五大人也；乾二、五之光繼日之明，坤為方，二、五之坤，震東兌西，離南坎北，故曰「照于四方」。〔註85〕

闡明離卦係由坤卦二、五爻之乾卦而成，此時乾之二、五爻與坤卦相易而成坎，離為日，坎為月，此為離卦之《大象傳》，而虞翻常以旁通之卦來詮釋其意，離卦旁通為坎，「陽氣稱大人，則乾五大人也」係指坎卦五爻為陽，為乾，此陽即為陽氣，前文已述陽有大之意，此處更特指陽為「大人」，雖虞翻《易》注中甚少以「陽氣」、「陰氣」來行文，但由此可知陰陽即為陰陽二氣。

2. 坤之特色質性

坤為陰，陰之道為至靜，故曰「坤道至靜」〔註86〕、「柔道靜」〔註87〕，但坤陰為何有靜之意？《繫辭上傳》「夫《易》廣矣，大矣！以言乎遠則不禦，以言乎邇則靜而止，以言乎天地之間則備矣。」注曰：

> 乾象動直，故「大」；坤形動闢，故「廣」也。「禦」止也，「遠」謂乾天，高不禦也。「地」謂坤，坤至靜而德方，故「正」也。謂《易》廣大悉備，有天、地、人道焉，故稱「備」也。〔註88〕

坤為地，坤陰活動為闢開，開而廣之，坤性為靜，至靜而德方，此為坤陰之道，故又曰正。坤陰雖靜但不是指不活動、無所成就，比卦上六爻「比之无首，凶。」注曰：

> 「首」，始也。陰道无成而代有終，无首凶。〔註89〕

闡明陰雖現於外而無所成，但其最大成就即輔助乾陽以完成其業。坤卦《文

〔註82〕《周易集解》，頁201。
〔註83〕同註82，頁298。
〔註84〕同註82，頁299。
〔註85〕同註82，頁154～155。
〔註86〕同註82，頁28。
〔註87〕同註82，頁417。
〔註88〕同註82，頁323。
〔註89〕同註82，頁65。

言傳》「『直』，其正也；『方』，其義也；君子敬以直內，義以方外，敬義立而德不孤。」注曰：

> 謂二。陽稱「直」，乾，其靜也專，其動也直，故「直其正」。「方」謂闢，陰開爲方，坤，其靜也翕，其動也闢，故「方其義也」。陽息在二，故「敬以直內」；坤位在外，故「義以方外」。謂陽見兌丁，西南得朋，乃與類行，故「德不孤」，孔子曰：「必有鄰」也。
> 〔註90〕

坤陰至靜，仍有所動，「其靜也翕，其動也闢」坤之靜時則翕閉收斂、動時則闢張開廣，「陰開爲方」爲坤陰、坤地之活動開闢之狀，稱爲方，乾與坤雖有動有靜，但「乾剛常動，坤柔常靜」〔註91〕坤陰之道當以靜爲常態，與乾陽相反之。

坤爲陰，陰有柔之意，虞翻多以柔代表陰爻，如「柔得尊位」〔註92〕指大有卦之陰爻居尊位，「柔謂五陰」〔註93〕指離卦五爻之陰爲柔，「陰道柔」〔註94〕指姤卦初六陰爻爲柔，「柔謂五坤」〔註95〕指升卦五爻爲陰，陰爲柔，「乾剛坤柔」〔註96〕屯卦《象傳》藉《雜卦傳》所指乾爲剛，坤爲柔，乾坤各爲剛柔之始，「坤柔乾剛」〔註97〕以履卦《象傳》說明乾坤剛柔之道，「以乾決坤，故『剛決柔也』」〔註98〕說明乾陽坤陰相決，如以剛決柔。

「柔」之意可引申爲「柔和」，如「謙坤柔和」〔註99〕《繫辭下傳》以謙卦上卦皆陰爻，陰爲柔和之意，「坤陰和順，故『柔』也」〔註100〕《雜卦傳》以坤陰爲和順而稱柔。「柔」又可引申爲「弱」，如「本末弱」〔註101〕、「初、上陰柔，本末弱」〔註102〕皆指大過卦初爻、上爻皆爲陰，陰爲弱。此外又稱

〔註90〕《周易集解》，頁34～35。
〔註91〕同註90，頁311。
〔註92〕同註90，頁88。
〔註93〕同註90，頁154。
〔註94〕同註90，頁218。
〔註95〕同註90，頁226。
〔註96〕同註90，頁38。
〔註97〕同註90，頁69。
〔註98〕同註90，頁446。
〔註99〕同註90，頁387。
〔註100〕同註90，頁441。
〔註101〕同註90，頁107。
〔註102〕同註90，頁145。

坤、柔爲「陰道柔賤，故『薄』也」〔註103〕、「分陰爲柔以象夜」〔註104〕、「坤地稱母……本地親下」〔註105〕、「坤柔以體地也」〔註106〕。

坤爲陰，陽實陰虛，故坤有虛之意，如「師時坤虛无君，使師二上居五中」〔註107〕謂比卦旁通師卦，師卦五爻爲陰，陰爲虛，故使二、五相易，「坤虛無君」〔註108〕係指泰卦上卦爲經卦之坤，坤爲虛，坤爲臣，故無君之象，「坤虛无陽」〔註109〕謂泰卦四爻爲陰，故稱坤、虛而無陽，「四動坤虛」〔註110〕謂无妄卦四爻爲陽，陽爲實，動而成陰，陰爲虛，上文之例皆以陰爲虛。

坤陰延伸有「迷」之意，如「坤陰先迷，後順得常」〔註111〕說謂坤之性質爲陰而迷，其後則柔順而得其常，「陰道先迷，失實遠應」〔註112〕謂泰卦上爻坤陰之道先行迷失，失去陽實而與三爻遠應，「迷」而「昧」、「幽」、「亂」，如「坤冥爲昧」〔註113〕屯卦二、三、四爻互體而爲坤，坤陰則冥暗而昧，「『幽』謂陰」〔註114〕以陰爲幽暗，「昧」與「幽」其意相通，「坤三陰亂」〔註115〕指否卦下卦三爻皆陰，表徵陰險臣子而易於作亂。

統而論之，坤陰之性爲靜，爲柔，可引伸爲和順、弱、薄、夜，坤爲地，爲母，故親下、體地。坤陰爲虛，爲迷，迷失則冥昧、幽暗，而易生亂象，坤之特性皆以陰發顯延伸而至。

以坤之名而藉以表示坤之價值賦予者，如「地、婦、臣、子禮卑錯下，坤地道、妻道、臣道」〔註116〕說明坤爲地，爲妻，爲婦，爲臣，爲子，「坤爲鬼害……，坤爲惡也」〔註117〕指謙卦中六四之陰爲鬼，鬼而害人，故坤

〔註103〕《周易集解》，頁 329。
〔註104〕同註 103，頁 405。
〔註105〕同註 103，頁 359。
〔註106〕同註 103，頁 383。
〔註107〕同註 103，頁 384。
〔註108〕同註 103，頁 78。
〔註109〕同註 103，頁 78。
〔註110〕同註 103，頁 135。
〔註111〕同註 103，頁 33。
〔註112〕同註 103，頁 80。
〔註113〕同註 103，頁 40。
〔註114〕同註 103，頁 342。
〔註115〕同註 103，頁 82。
〔註116〕同註 103，頁 436。
〔註117〕同註 103，頁 93。

爲惡,「坤卑賤二」〔註118〕。以坤爲地,地而卑,卑亦賤,「坤殺故『凶』」〔註119〕謂坤陰爲消,消亡近於殺滅,故有凶之意。

　　而以陰爲名來說明坤陰者,如「二變之陰,稱『小』」〔註120〕指需卦二爻陽變爲陰,故稱小,「『小』謂五」〔註121〕指賁卦五爻爲陰,陰爲小,「四陰小」〔註122〕指坎卦四爻爲陰,「『小』陰謂二」〔註123〕指遯卦二爻爲陰,「『小』謂五,陰稱小」〔註124〕指睽卦五爻爲陰,「『小』謂二也」〔註125〕指既濟二爻爲陰,「謂五也,陰稱小」〔註126〕、「『小』謂五」〔註127〕皆指小過卦五爻爲陰,「『小』謂柔」〔註128〕指旅卦五爻爲陰,「小損大益」〔註129〕損卦二爻由陽變陰,陰爲小。可知坤象徵地,而有妻、婦、臣、子之意,爲鬼害,爲惡,爲卑,爲賤,爲凶,而陰爲小也。

二、始生乾而終於坤

(一)「幾者,神妙也」

　　萬物生化之始稱之爲「幾」,《繫辭上傳》「《易》无思也,无爲也,寂然不動,感而遂通天下之故,非天下之至神,其孰能與於此!」注曰:

> 天下何思何慮,同歸而殊途,一致而百慮,故无所爲,謂其靜也專。
> 謂隱藏坤初,幾息矣,專故「不動」者也。「感」動也,以陽變陰,
> 通天下之故,謂發揮剛柔而生爻者也。「至神」謂《易》,隱初入微,
> 知幾其神乎!〔註130〕

乾初之陽隱藏於坤陰之初,幾息潛發,但專一不動,直至乾陽感動坤陰,剛柔互易而生爻,「至神」即乾初之陽潛藏於坤陰之際,處於微細之地,知悉

〔註118〕《周易集解》,頁311。
〔註119〕同註118,頁312。
〔註120〕同註118,頁48。
〔註121〕同註118,頁119。
〔註122〕同註118,頁152。
〔註123〕同註118,頁167。
〔註124〕同註118,頁186。
〔註125〕同註118,頁302。
〔註126〕同註118,頁299。
〔註127〕同註118,頁298。
〔註128〕同註118,頁274。
〔註129〕同註118,頁201。
〔註130〕同註118,頁343。

變動生機，故知萬物變動之始爲「幾」，特性爲「『幾』者，神妙也」〔註131〕，《繫辭下傳》「子曰：『知幾其神乎！君子上交不諂，不交不瀆，其知幾乎！幾者，動之微，吉之先見者也。君子見幾而作，不俟終日。《易》曰：「介于石，不終日，貞吉。」介如石焉，寧用終日？斷可識矣。君子知微知彰，知柔知剛，萬夫之望。』」注曰：

> 「幾」謂陽也，陽在復初稱幾，此謂豫四也；惡鼎四折足，故以此次，言豫四知幾而反復初也。豫上謂四也，四失位諂瀆，「上」謂交五，五貴，震爲笑言，笑言且諂也，故「上交不諂」；「下」謂交三，坎爲瀆，故「下交不瀆」。欲其復初得正，元吉，故「其知幾乎」。
>
> 陽見初成震，故「動之微」；復初元吉，「吉之先見者也」。〔註132〕

「幾」爲神妙變化先機，「幾」以乾陽爲主，如陽在復卦初爻方稱「幾」，又如豫卦四爻之陽知其幾微而返回復卦之初。又《繫辭下傳》「是故變化云爲，吉事有祥；象事知器，占事知來。」注曰：

> 「祥」幾祥也，吉之先見者也；陽出，「變化云爲」；吉事爲祥，謂復初乾元者也。「象事」謂坤，坤爲器，乾五之坤成象，故「象事知器」也。「占事」謂乾，以知來，乾五動成離，則翫其占，故「知來」。
>
> 〔註133〕

「陽出」爲變化發生，「祥」爲幾微之祥兆，係立於陽爻角度說明變化之始，故「幾」爲事物轉易之始，但此始乃以乾陽爲主，前文已言虞翻以「太極」爲「太一」，又「一」指乾元，乾先坤後，故知幾微變化者爲吉、爲祥，而復卦初爻之陽爲乾元，即爲吉事。

（二）「始生乾而終於坤」

「復爲陽始，姤則陰始，天地之始，陰陽之首」〔註134〕天地萬物起始爲陰陽，而乾陽與坤陰在虞翻《易》注中有先後發生的次序，歸妹《彖傳》「歸妹，天地之大義也，天地不交而萬物不興；歸妹，人之終始也，說以動，所歸妹也。『征凶』，位不當也；『无攸利』，柔乘剛也。」注曰：

> ……人始生乾而終於坤，故「人之終始」；《雜卦》曰：「歸妹，女

〔註131〕《周易集解》，頁379。
〔註132〕同註131，頁378。
〔註133〕同註131，頁398。
〔註134〕同註131，頁131。

－298－

之終」，謂陰終坤癸，則乾始震庚也。「說」兌，「動」震也，謂震
嫁兌，所歸必妹也。〔註135〕

又《繫辭下傳》「《易》之爲書也，原始要終，以爲質也，六爻相雜，唯其時
物也。」注曰：

「質」本也，以乾「原始」，以坤「要終」，謂原始及終，以知死生
之說。陰陽錯居稱「雜」，時陽則陽，時陰則陰，故「唯其時物」；
乾陽物，坤陰物。〔註136〕

闡明人始生於乾天而終於坤地，又「月體納甲說」新月出現於初三，現於庚
方、西方，以震卦表示，震卦初爲陽，而月相陰極於癸方、北方，以坤卦爲
象，坤卦初爲陰，故曰「人始生乾而終於坤」。《繫辭下傳》以乾陽爲開創事
物之始，坤陰順承乾陽來長養萬物，以乾陽坤陰推及萬物始終而知死生之學
問。《繫辭上傳》「子曰：『《易》，其至矣乎！夫《易》，聖人所以崇德而廣業
也；知崇禮卑，崇效天，卑法地；天地設位，而《易》行乎其中矣；成性存
存，道義之門。』」注曰：

「崇德」效乾，「廣業」法坤也。「知」謂乾，效天崇；「體」謂坤，
法地卑也。「位」謂六畫之位，乾、坤各三爻，故「天地設位」；《易》
出乾入坤，上下无常，周流六虛，故《易》行乎其中」也。知終終
之，可與存義也，乾爲道門，坤爲義門，「成性」謂成之者性也，陽
在道門，陰在義門，其《易》之門耶？〔註137〕

《易》以乾天爲出而入於坤地，上下往來無一定常規，周流於六位，乾象爲
道，坤象爲義，「成性」謂坤地配合乾天以成就萬物，道爲萬物所宗，義即宜，
爲處世合宜，乾道包含坤義，乾出坤入，以乾爲首、坤爲從，如大畜卦《大
象傳》注曰「乾知大始」〔註138〕、《繫辭上傳》注曰：「謂乾能統天生物，坤
合乾性，養化成之〔註139〕、「乾流坤體，變成萬物」〔註140〕、《繫辭下傳》注
曰：「效法之謂坤」〔註141〕皆以乾之德統天之道而產生萬物，坤地則配合乾天

〔註135〕《周易集解》，頁264。
〔註136〕同註135，頁391～392。
〔註137〕同註135，頁324～325。
〔註138〕同註135，頁138。
〔註139〕同註135，頁320。
〔註140〕同註135，頁318。
〔註141〕同註135，頁361。

來育養萬物，坤地效法乾天且在其後，另又以自然之變化生成闡明乾坤造物，乾天透過雲雨流動於坤地而成形體，萬物方始生成，上文之例不論從自然生成之理而論，由月體納甲之月相盈缺而言，皆有乾始坤終、乾出坤入、坤地法乾之意，以乾天爲物之起始，坤地爲物之完成。

三、陰極陽生

（一）「所由來漸」

天地陰陽轉變日起漸至，故乾坤轉移亦由漸而成，坤卦《文言傳》「臣弒其君，子弒其父，非一朝一夕之故，其所由來者漸矣。」注曰：

> 坤消至二，艮子弒父；至三，成否，坤臣弒君，上下不交，天下無邦，故子弒父，臣弒君也。剛爻爲朝，柔爻爲夕，乾爲寒，坤爲暑，相推而成歲焉，故「非一朝一夕，所由來漸矣」。〔註142〕

陽爻象徵朝，陰爻象徵夕，朝爲陽之始、晝之始，夕爲陰之始、夜之始，陽剛象喻朝，陰柔象喻夕，陽積漸而成乾，陰漸增而成坤，積朝夕而有寒暑，寒暑備而年歲成，此推移成就之功皆非突然而至，乃是積漸之功。

（二）陰極陽生

陰陽轉化以漸爲推移之功，但陽如何轉爲陰？乃建立於「極」字之上，坤卦卦辭「元亨，利牝馬之貞」注曰：

> 謂陰極陽生，乾流坤形，坤含光大，凝乾之元，終於坤亥，出乾初子，品物咸亨，故「元亨」也。坤爲牝，震爲馬，初動得正，故「利牝馬之貞」矣。〔註143〕

又夬卦《大象傳》「澤上于天，夬；君子以施祿及下，居德則忌。」注曰：

> 「君子」謂乾，乾爲施祿；「下」爲剝坤，坤爲眾臣，以乾應坤，故「施祿及下」；乾爲德，艮爲居，故「居德則忌」。陽極陰生，謂陽忌陰。〔註144〕

以十二月消息卦而言，「陰極陽生」係指陰氣自五月始生而剝消乾卦初爻之陽氣而爲姤卦，十月坤卦陰極盛而物極必返，至十一月，一陽方生而成復卦，經由乾坤陰陽而相互感通。而夬卦《大象傳》注文以「陽極陰生」闡明陰陽

〔註142〕《周易集解》，頁34。
〔註143〕同註142，頁25。
〔註144〕同註142，頁213。

極盛則物必反回，「陽忌陰」即陽氣忌諱陰氣，係立於陽氣角度而言。虞翻曰「以坤牝陽，滅出復震爲餘慶」〔註145〕即純陰之坤極而生陽，故生復卦，復卦下卦爲震，「以乾通坤，極姤生巽，爲餘殃也」〔註146〕謂陽息而極，值四月，爲六爻純陽之乾，至五月則一陰始生乾陽之初故成姤卦，又「陽窮上反下」〔註147〕謂陽窮極於上而反下，綜合上說陰陽至極而反，皆立於十二月消息卦，以乾卦純陽之體至極變而爲姤卦，坤卦爲純陰盛極而初爻變爲陽，復卦乃生矣，虞翻以十二月消息卦說明盛極而返之道，不僅緊扣卦爻之象亦將陰陽潛移無形之道以具體十二消息來說明。

四、乾坤氣交以相與

（一）「乾坤氣交以相與」

乾坤相互感通前必先交往互動，咸卦卦辭「亨，利貞，取女吉。」注曰：

> 咸，感也：坤三之上成女，乾上之三成男，乾坤氣交以相與，止而
> 說，男下女，故「通，利貞，取女吉」。〔註148〕

咸卦由否卦而至，否卦三爻之坤陰與上爻之乾陽相易，上卦成兌而爲少女，下卦成艮而爲少男，否卦中乾陽之氣與坤陰之氣相交而相合，如似男女交往。蠱卦卦辭注曰：「剛上柔下，乾坤交」〔註149〕蠱卦由泰卦而至，泰卦初爻之陽來至上爻之位，初爻之陽屬泰卦下卦之乾，上爻之陰屬泰卦上卦之坤，上下互易而爲乾坤相交，又臨卦卦辭注曰：「剛浸而長，乾來交坤，動則成乾」〔註150〕陽剛浸養息長而初、二兩爻爲陽，如乾陽與坤陰相交，若繼續動長而下卦爲乾。前兩例皆以乾坤之經卦相交，後例則爲陰陽爻之交，但皆說明乾陽坤陰以氣相交而萬物通達。乾坤亦可名爲「陰陽」，賁卦卦辭「亨，小利有攸往。」注曰：

> 泰上之乾二，乾二之坤上，柔來文剛，陰陽交，故「亨」也。「小」
> 謂五，五失位，動得位，體離，以剛文柔，故「小利有攸往」。〔註151〕

〔註145〕《周易集解》，頁 33。
〔註146〕同註 145，頁 33。
〔註147〕同註 145，頁 282。
〔註148〕同註 145，頁 159。
〔註149〕同註 145，頁 105。
〔註150〕同註 145，頁 108。
〔註151〕同註 145，頁 119。

賁卦之來爲泰卦，泰卦二爻之陽與上爻之陰相易而成賁，互易則爲「陰陽交」，坎卦卦辭注曰：「乾二、五旁行流坤，陰陽會合」〔註152〕坎卦由乾卦二、五爻流行至坤卦，爲乾坤會合相交，此乾坤係指別卦而言。又以「剛柔」稱乾坤，噬嗑卦卦辭「亨，利用獄。」注曰：

> 否五之坤初，坤初之五，剛柔交，故「亨」也。坎爲獄，艮爲手，
> 離爲明，四以不正而係於獄；上當之三，蔽四成豐，折獄致刑，故
> 「利用獄」。坤爲用也。〔註153〕

否卦初爻之陰與五爻之陽相交而成噬嗑卦，初爻、五爻之陰陽相易爲相交，此指陰陽爻位相交，故曰「剛柔交」，又如《繫辭下傳》注曰：「謂剛柔始交」〔註154〕指震卦乾剛與坤柔開始交感而生萬物，爲陰陽爻之相交，解卦初六爻《小象傳》注曰：「震剛柔始交」〔註155〕亦曰震卦剛柔相交。乾坤爲天地，又以「天地」之名而曰天地相交，臨卦《彖傳》「臨，剛浸而長，說而順，剛中而應，大亨以正，天之道也。」注曰：

> 「剛」謂二也；兌爲水澤，自下浸上，故「浸而長」也。「說」兌也，
> 「順」坤也。「剛中」，謂二也，四陰皆應之，故曰「而應」。「大亨
> 以正」，謂三動成乾，天得正爲泰，天地交通，故「亨以正，天之道
> 也」。〔註156〕

臨卦三爻變動而爲陽，卦則成泰，泰卦爲經卦之乾坤，乾天坤地，故曰「天地交通」，如節卦卦辭注曰：「泰三之五，天地交也」〔註157〕節卦由泰卦而來，泰卦三爻之陽與五爻之陰相交而成節，有如天地相交，渙卦卦辭注曰：「否四之二，成坎、巽，天地交」〔註158〕渙卦由否卦而來，否卦四爻之陽與二爻之陰相交，曰天地交，鼎卦卦辭注曰：「大壯上之初，與屯旁通，天地交」〔註159〕鼎卦由大壯卦而來，大壯卦初爻之陽來至上爻之陰，爻位陰陽相易曰天地交，故知「乾坤氣交」，有以「陰陽」、「剛柔」、「天地」代稱「乾坤」之名。

〔註152〕《周易集解》，頁148。
〔註153〕同註152，頁115。
〔註154〕同註152，頁382。
〔註155〕同註152，頁197。
〔註156〕同註152，頁109。
〔註157〕同註152，頁290。
〔註158〕同註152，頁287。
〔註159〕同註152，頁245。

（二）「往來不窮謂之通」

乾坤陰陽相交而互通，虞翻常用相交而相通闡明易理，如「乾坤交，故『通』也」〔註160〕、「天地交，故『通』」〔註161〕、「陰陽交，故『通』」〔註162〕、「天地交而萬物通，故以嫁娶也」〔註163〕、「天地交，萬物通，故『化醇』」〔註164〕，但「通」之意為何？漸卦《象傳》「漸之進也，『女歸吉』也；進得位，往有功也；進以正，可以正邦也，其位剛得中也，止而巽，動不窮也。」注曰：

> 三進四得位，陰陽體正，故「吉」也。「功」謂五，四進承五，故「往有功」；巽為進也。謂初已變，為家人，四進已正而上不正，三動成坤為邦，上來反三，故「進以正，可以正邦，其位剛得中」；與家人道正同義。三在外體之中，故稱「得中」；乾《文言》曰「中不在人」，謂三也。此可謂上變既濟定者也。「止」艮也，三變震為動，上之三據坤，動震成坎，坎為通，故「動不窮」；往來不窮謂之通。〔註165〕

以漸卦說明爻位變動之道，所謂「通」即上下往來不窮，「乾始開通，以陽通陰，故始通」〔註166〕、「乾為德，坤為業；以乾通坤，謂為『進德脩業』」〔註167〕、「以乾通坤，故稱『通理』」〔註168〕、「以乾亨坤，是以『元亨』」〔註169〕皆言乾坤陰陽之互通，以乾陽為主、為始，陽氣主動而通陰氣，更可印證虞翻思想中以乾陽為主，坤陰為輔，乾坤開通由乾為始，乾陽再推及坤陰，坤之通達係因乾陽之推移感通而至。

（三）「剛柔相摩，八卦相盪」

陰陽剛柔相交而互通，往來不窮即為通，互動方式於卦爻之間有多種形式呈現，如「相雜」、「相感」、「相應」、「相親」、「相戰」、「相摩相盪」、「相推」等，《繫辭下傳》「物相雜，故曰文。」注曰：

〔註160〕《周易集解》，頁229。
〔註161〕同註160，頁250。
〔註162〕同註160，頁268。
〔註163〕同註160，頁263。
〔註164〕同註160，頁381。
〔註165〕同註160，頁259～260。
〔註166〕同註160，頁17。
〔註167〕同註160，頁11。
〔註168〕同註160，頁36。
〔註169〕同註160，頁89。

> 乾陽物，坤陰物；純陽純陰之時，未有文章，陽物入坤，陰物入乾，
>
> 更相雜，成六十四卦，乃有文章，故曰「文」。〔註170〕

乾為陽物，坤為陰物，純陽純陰未有文采，當陽物入陰或陰物入陽則為相互雜處，又《繫辭下傳》注曰：「陰陽錯居稱『雜』」〔註171〕卦體中陰陽之爻相錯為陰陽互動之初，彼此交雜而後相感、相應。《繫辭下傳》「往者屈也，來者信也，屈信相感而利生焉」注曰：

> 「感」咸象，故「相感」。天地感而萬物化生，聖人感人心而天下和
>
> 平，故「利生」……。〔註172〕

感為咸卦之象，故稱相感，天地相互感通而萬物得以化育生成，聖人感化人心而天下平和，天地為乾陽坤陰之代稱，天地相感即為陰陽感通，感動後則相應，睽卦上九爻注曰：「陰陽相應，故『婚媾』」〔註173〕睽卦上爻之陽與三爻之陰上下相應，「應」亦為卦爻關係中之體例，相應則相親，《繫辭上傳》「參伍以變，錯綜其數，通其變，遂成天地之文，極其數，遂定天下之象，非天下之至變，其孰能與於此！」注曰：

> ……變而通之，觀變陰陽始立卦，乾坤相親，故「成天地之文」；物
>
> 相雜，故曰文。……〔註174〕

經由陰陽變通而暢達，觀察陰陽之變而開始立卦，乾坤陰陽相親相附，以乾天坤地之相雜而「成天地之文」，《繫辭下傳》「子曰：『乾坤其《易》之門邪？乾，陽物；坤，陰物也。陰陽合德，而剛柔有體。以體天地之撰，以通神明之德。』」注曰：

> 「合德」謂天地雜，保大和，日月戰；乾剛以體天，坤柔以體地也。
>
> 〔註175〕

天地相雜而合德，保持和諧之狀，日陽而月陰，日月戰即陰陽相互交戰，互通長短，有如相摩相盪，《繫辭上傳》「是故剛柔相摩，八卦相盪；鼓之以雷霆，潤之以風雨；日月運行，一寒一暑。」注曰：

> 旋轉稱「摩」，薄也；乾以二、五摩坤成震、坎、艮，坤以二、五摩

〔註170〕《周易集解》，頁395。
〔註171〕同註170，頁392。
〔註172〕同註170，頁371。
〔註173〕同註170，頁190。
〔註174〕同註170，頁342。
〔註175〕同註170，頁383。

乾成巽、離、兌，故「剛柔相摩」則「八卦相盪」也。……〔註176〕

又《說卦傳》「天地定位，山澤通氣，火水相射，雷風相薄，八卦相錯。」〔註177〕注曰：

> 謂乾、坤，五貴、二賤，故「定位」也。謂艮、兌，同氣相求，故「通氣」。謂震、巽，同聲相應，故「相薄」。謂坎、離，「射」厭也，水火相通，坎戊、離己，月三十日一會於壬，故「不相射」也。「錯」摩，則剛柔相摩，八卦相盪也。〔註178〕

虞翻銓釋「摩」為旋轉、交錯、迫近，乾卦以二、五爻摩坤而成坎，坎卦二至四爻互體為震，三至五爻互體為艮，上下卦為坎，坤卦以二、五爻摩乾而成離卦，離卦二至四爻為巽，三至五爻為兌，上下卦為離，故曰乾坤陰陽相摩而生八卦，八卦相盪，可證明虞翻所見的《說卦傳》已曰「不相射」。《繫辭下傳》「變動以利言，吉凶以情遷。是故愛惡相攻而吉凶生，遠近相取而悔吝生，情偽相感而利害生。」注曰：

> 乾變之坤成震，震為言，故「變動以利言」也。乾吉、坤凶，六爻發揮，旁通情也，故「以情遷」。「攻」摩也，乾為愛，坤為惡，謂

〔註176〕《周易集解》，頁312。

〔註177〕「帛書《易經》卦序編排之原理，蓋本於〈說卦傳〉。〈說卦傳〉第三章云：『天地定位，山澤通氣，雷風相薄，水火不相射。』……此一順序，可謂章法全無。幸而此數句亦見於帛書〈繫辭傳〉：『天地定立（位），□□□□火水相射，雷風相榑（薄）。』所缺之字，根據今本〈說卦傳〉，當補『山澤通氣』四字。蓋因三句之中，既有天、地、火、水、雷、風，故知所缺者上二字必為『山』（艮）、『澤』（兌），而今本〈說卦〉之文，『位』、『氣』叶古韻微部，『薄』、『射』叶古韻魚部，故知帛書所缺者其第四字或為叶韻之『氣』字也。至於其他三句，〈說卦傳〉『水火不相射』，帛書本作『火水相射』，少一『不』字，句式更見整齊，且『定位』、『通氣』、『相薄』云云，皆肯定二卦之相關性，若此句獨作『不相射』，非唯不能顯示坎☵、離☲之矛盾性，其文例亦與他句不同。唐陸德明《經典釋文》云：『鄭、宋、陸、王肅、王虞無「不」字』。更足為明證。『雷風相薄』句今本居第三，帛書本則在『火水相射』之後。若綜合今本〈說卦傳〉（以『水火』為次）、《經典釋文》（漢本無『不』字）、帛書〈繫辭傳〉（『火水』句在『雷風』句之前）三者，則八卦方位可作完美之排列。……帛書六十四卦卦序蓋受〈說卦傳〉對八卦方位之觀念所影響而成；而由於帛書六十四卦上下卦之組合順序，又可證明今本〈說卦傳〉『雷風相薄』二句之顛倒。」黃沛榮先生撰：《易學乾坤》（臺北：大安出版社，1998年），頁28～32。原文為：「天地定位，山澤通氣，雷風相薄，水火不相射，八卦相錯。」今改為「天地定位，山澤通氣，火水相射，雷風相薄，八卦相錯。」

〔註178〕同註176，頁405～406。

> 剛柔相摩；以愛攻惡生吉，以惡攻愛生凶，故「吉凶生」也。「遠」
> 陽、謂乾，「近」陰、謂坤；陽取陰生悔，陰取陽生吝，「悔吝」言
> 小疵。「情」陽，「僞」陰也；情感僞生利，僞感情生害；乾爲利，
> 坤爲害。〔註179〕

相摩相盪亦可解爲攻，乾爲愛、坤爲惡，乾坤相摩則愛惡相伐，愛攻惡而生
吉，惡攻愛則生凶，陽取陰則生悔，陰取陽則生吝，陽爲情，陰爲僞，誠實
感應虛僞則生利，反之則生害，此用「攻」、「取」、「感」來表示相摩相盪之
具體活動。乾坤之間亦會相推以生變化，《繫辭上傳》「是故闔戶謂之坤，闢
戶謂之乾，一闔一闢謂之變，往來不窮謂之通。」注曰：

> 「闔」閉翕也，謂從巽之坤，坤柔象夜，故以閉戶者也；「闢」開也，
> 謂從震之乾，乾剛象晝，故以開戶也。陽變闔陰，陰變闢陽，剛柔
> 相推而生變化也。〔註180〕

闔即閉合，由巽而艮、坤，坤柔象夜，故稱閉戶，闢即開啓，由震而兌、乾，
乾剛象晝，故稱開戶，乾陽變動而坤陰關閉，坤陰變動而陽開，乾陽坤陰相
互推移而生變化，《繫辭下傳》注曰：「謂十二消息，九、六相變，剛柔相推
而生變化」〔註181〕以十二月消息卦而言，九爲老陽，六爲老陰，而以九六相
互變動曰剛柔相互推移，《繫辭上傳》「方以類聚，物以群分，吉凶生矣；在
天成象，在地成形，變化見矣。」注曰：

> ……在天爲「變」，在地爲「化」，剛柔相推而生變化。〔註182〕

又《繫辭上傳》「是故吉凶者，失得之象也；悔吝者，憂虞之象也。」注曰：

> 剛推柔生變，柔推剛生化也。「吉」則象「得」，「凶」則象「失」也。
> 「悔」則象「憂」，「吝」則象「虞」也。〔註183〕

剛柔相推而生變化，但「變」與「化」的對象不同，在天稱「變」，在地稱「化」，
天又可稱爲乾、陽、剛，地可稱之坤、陰、柔，以剛推柔則生變，以柔推剛
則生化，總論可知乾坤、陰陽、剛柔彼此之間經相雜相交而互相感應，兩者
感應而親附，或相戰、摩盪、相推，此皆乾坤上下往來之互動，藉此使乾坤
陰陽二氣得以相互知曉，進而認識、肯認彼此，故宇宙整體之氣化得以整全。

〔註179〕《周易集解》，頁399～400。
〔註180〕同註179，頁348。
〔註181〕同註179，頁359。
〔註182〕同註179，頁312。
〔註183〕同註179，頁314～315。

（四）在陽稱變，在陰稱化

知神所爲即知陰陽變化之道，但「變」與「化」兩種作用係針對不同對象而言，《繫辭上傳》「子曰：『知變化之道者，其知神之所爲乎！』」注曰：

在陽稱「變」，乾五之坤；在陰稱「化」，坤二之乾。陰陽不測之謂神，知變化之道者，故知神之所爲。諸儒皆上「子曰」爲章首，而荀、馬又從之，甚非者矣。〔註184〕

乾卦二爻之陽至坤卦五爻之位，以陽爲主稱「變」，坤卦五爻之陰至乾卦二爻之位，以陰爲主稱「化」，在陽言變，在陰言化，能知陰陽變化之道者爲神。坤卦《文言傳》「天地變化，草木蕃；天地閉，賢人隱。」注曰：

謂陽息坤成泰，天地反，以乾變坤，坤化升乾，萬物出震，故「天地變化，草木蕃」矣。謂四，泰反成否，乾稱賢人，隱藏坤中，以儉德避難，不榮以祿，故「賢人隱」矣。〔註185〕

陽息於坤至三爻而成泰卦，泰卦上卦爲地，下卦爲天，天地之位相反，坤卦至泰卦係由乾陽改變坤卦之下卦，坤卦發生變化使乾陽上升至三爻，泰卦中三至五爻互體而震，萬物出乎震。又《繫辭下傳》「窮神知化」注曰：「以坤變乾，謂之『窮神』；以乾通坤，謂之『知化』」〔註186〕乾有神之逸象，「以坤變乾」爲坤陰息長而消其乾陽，此以乾陽爲主，故稱變，「通坤」爲乾旁通坤，坤稱化，故爲「知化」。《說卦傳》「然後能變化，既成萬物也。」注曰：「謂乾變而坤化，乾道變化」〔註187〕陽稱變，陰稱化，乾道變化爲易道之變，爲宇宙萬物變化之常道。陰陽可稱爲乾坤，亦可以天地代之，《繫辭上傳》「在天成象，在地成形，變化見矣。」注曰：

在天爲「變」，在地爲「化」，剛柔相推而生變化。〔註188〕

在天稱「變」，在地稱「化」，《繫辭上傳》「擬議以成其變化」注曰：「議天成變，擬地成化，天施地生，其益无方也。」〔註189〕議論天而成其變，擬作地而成其化，天之施予及地之生長，天地恩惠沒有限制，故以天地取代陰陽、乾坤而曰變化。恆卦《彖傳》「日月得天而能久照，四時變化而能久成，聖人

〔註184〕《周易集解》，頁 340。
〔註185〕同註 184，頁 35。
〔註186〕同註 184，頁 372。
〔註187〕同註 184，頁 412。
〔註188〕同註 184，頁 312。
〔註189〕同註 184，頁 316。

久於其道而天下化成；觀其所恆，而天地萬物之情可見矣。」注曰：

> 動初成乾，爲天；至二離爲日，至三坎爲月，故「日月得天而能久
> 照」也。春夏爲變，秋冬爲化；變至二離夏，兌秋，至三震春，至
> 五坎冬〔註190〕，故「四時變化而能久成」，謂乾、坤成物也。……
> 〔註191〕

恆卦自初爻變動至二爻而成豐卦，豐卦下卦爲經卦之離，離有夏之逸象，豐
卦三至五爻互體爲兌，兌有秋之逸象，持續變動至三爻而爲震卦，震爲春，
變動至五爻則爲屯卦，屯卦上卦爲坎，坎爲冬，春夏則乾陽之氣盛，以陽爲
主，故曰「變」，秋冬則坤陰之氣強，以陰爲主，故曰「化」。因此「變化」
之道可分陽氣或陰氣當盛，以陽爲主稱變，以陰爲主稱化，虞翻所謂「變化」
之道不僅說明事物的改變，更是象徵乾坤、陰陽變化的不同。

五、方以類聚，物以群分

（一）「陰陽施行，以生萬物」

「《易》有太極，是生兩儀，兩儀生四象，四象生八卦」〔註192〕易有太
極，太極即太一，太一生兩儀，兩儀爲天地、乾坤，乾坤於虞翻《易》注中
亦稱陰陽，《序卦傳》「有天地然後有萬物，有萬物然後有男女，有男女然後
有夫婦，有夫婦然後有父子，有父子然後有君臣，有君臣然後有上下，有上
下然後禮義有所錯。」注曰：

> 謂天地否也。謂否反成泰，天地壹壺，萬物化醇，故「有萬物」也。
> 謂泰已有否，否三之上反正成咸，艮爲男，兌爲女，故「有男女」。
> 咸反成恆，震爲夫，巽爲婦，故「有夫婦」也。謂咸上復乾成遯，
> 乾爲父，艮爲子，故「有父子」。謂遯三復坤成否，乾爲君，坤爲臣，
> 故「有君臣」也。否乾君尊上，坤臣卑下，天尊地卑，故「有上下」

〔註190〕《周易集解》原文爲：「變至二離夏，至三兌秋，至四震春，至五坎冬。」然
　　　　張惠言《周易虞氏義》云：「此誤。應云變至二離夏、兌秋，至三震春，至五
　　　　坎冬。」〔清〕張惠言撰：《張惠言易學十書》（臺北：廣文書局，1977年），
　　　　頁151。恆卦之初爻、二爻變動後爲豐卦，豐卦下卦爲「離」三爻、四爻及
　　　　五爻互體爲「兌」；又初爻、二爻及三爻皆變動後成震卦，下卦與上卦皆體
　　　　「震」；由初爻變化至五爻成屯卦，屯卦上卦爲「坎」。故當從張惠言之說也。
〔註191〕《周易集解》，頁164。
〔註192〕同註191，頁363。

也。「錯」置也，謂天、君、父、夫象尊錯上，地、婦、臣、子禮卑

錯下，坤地道、妻道、臣道，故「禮義有所錯」者也。〔註193〕

陰陽之氣相親相感，進而互動肯認，萬物之化得以精純，故《繫辭下傳》「其出入以度，外內使知懼，又明於憂患與故，无有師保，如臨父母。」注曰：

　　……「臨」見也，言陰陽施行，以生萬物；「无有師保」，生成之者；
　　萬物出生，皆如父母，孔子曰：「父母之道天地。」乾爲父，坤爲母。
　　〔註194〕

天地陰陽施行以生萬物，虞翻以乾象父，坤象母，萬物生於天地，正如子女生於父母，又《繫辭下傳》「黃帝、堯、舜垂衣裳而天下治，蓋取諸乾、坤。」注曰：「乾爲治，在上爲衣，坤下爲裳；乾坤，萬物之縕，故以象衣裳。……」〔註195〕乾坤天地爲萬物蘊藏之處，故乾象衣，坤象裳，以乾坤包覆萬物，恆卦《象傳》「四時變化而能久成」注曰：「春夏爲變，秋冬爲化；變至二離夏，兌秋，至三震春，至五坎冬〔註196〕，故『四時變化而能久成』，謂乾、坤成物也。」〔註197〕謂恆卦所來由泰卦，泰卦上下卦爲乾坤、天地，透過乾坤交感而成就萬物，猶如六十四卦，每一卦體皆由陰陽之爻所構成，《繫辭上傳》「引而伸之，觸類而長之，天下之能事畢矣。」注曰：「……其取類也大，則發揮剛柔而生爻也。……」〔註198〕謂六十四卦取類象物之範圍甚大，但每一卦皆由陰陽之爻相互變動而生，以陰陽之爻建構卦體象徵宇宙萬類之無窮。而陰陽生萬物並非陰陽二氣皆主動相合，陰陽之合以乾陽爲主而流行於坤陰，乾卦《象傳》注曰：

　　已成既濟，上坎爲雲，下坎爲雨，故「雲行雨施」。乾以雲雨流坤之
　　形，萬物化成，故曰「品物流行」。〔註199〕

〔註193〕《周易集解》，頁435～436。

〔註194〕同註193，頁390。

〔註195〕同註193，頁365。

〔註196〕《周易集解》原文爲：「變至二離夏，至三兌秋，至四震春，至五坎冬。」然
　　　　張惠言《周易虞氏義》云：「此誤。應云變至二離夏、兌秋，至三震春，至五
　　　　坎冬。」《張惠言易學十書》，頁151。恆卦之初爻、二爻變動後爲豐卦，豐
　　　　卦下卦爲「離」三爻、四爻及五爻互體爲「兌」；又初爻、二爻及三爻皆變動
　　　　後成震卦，下卦與上卦皆體「震」；由初爻變化至五爻成屯卦，屯卦上卦爲
　　　　「坎」。故當從張惠言之說也。

〔註197〕同註193，頁164。

〔註198〕同註193，頁340。

〔註199〕同註193，頁4。

又《繫辭上傳》「精氣爲物，遊魂爲變，是故知鬼神之情狀；與天地相似，故不違。」注曰：

> 「魂」陽物，謂乾神也；「變」爲坤鬼。乾純粹精，故主爲物；乾流
> 坤體，變成萬物，故「遊魂爲變」也。乾神似天，坤鬼似地，聖人
> 與天地合德，鬼神合吉凶，「故不違」。〔註200〕

乾純粹而精，用以主宰生成萬物，乾陽之天透過雲雨變化，使坤陰之地發生流動而成萬物之形，萬物因此流行於宇宙，《繫辭上傳》謂爲「遊魂爲變」。

《繫辭上傳》「言天下之至賾而不可惡也，言天下之至動而不可亂也；擬之而後言，議之而後動，擬議以成其變化。」注曰：

> 「至賾」无情，陰陽會通，品物流宕，以乾易坤簡之至也；元善之
> 長，故「不可惡也」。以陽動陰，萬物以生，故「不可亂」；六二之
> 動直以方。「動」舊誤作「賾」也。以陽擬坤而成震，震爲言議，爲
> 後動，故「擬之而後言，議之而後動」；安其身而後動，謂當時也矣。
> 議天成變，擬地成化，天施地生，其益无方也。〔註201〕

陰陽交合會通而品類萬物流動成形，乾陽感動坤陰而萬物方生，曰「不可亂」，「亂」爲萬物發動以陰爲主宰，坤陰爲一切生機之始而乾陽配合，虞翻認爲這是生化次序之亂，萬物啓動當以陽爲主，以陽動陰、以乾流坤，陰陽施行而生萬類。

（二）「同氣相求」

同聲者相應，同氣者相求，乾卦《文言傳》曰「同聲相應」，虞翻注曰：「謂震、巽也。……雷風相薄。」〔註202〕以震、巽爲相應，中孚卦九二爻「鳴鶴在陰，其子和之；我有好爵，吾與爾靡之。」注曰：

> ……二動成坤，體益，五艮爲子，震、巽同聲者相應，故「其子和
> 之」。……〔註203〕

中孚卦二爻變動成陰，下卦爲震，震爲雷，上卦爲巽，巽爲風，雷風相近而相應，《繫辭上傳》「則千里之外應之」注曰：『『外』謂震巽同聲，同聲者相應，故『千里之外應之』」。〔註204〕謂益卦外卦爲巽，與內卦之震同聲相應，

〔註200〕《周易集解》，頁318。
〔註201〕同註200，頁316。
〔註202〕同註200，頁13。
〔註203〕同註200，頁297。
〔註204〕同註200，頁327。

震卦卦辭有「震驚百里」，故曰「千里之外應之」，係闡明震巽之應。《繫辭上傳》「其受命也如嚮」注曰：「乾二、五之坤成震、巽，巽爲命，震爲嚮，故『受命』，同聲相應，故『如嚮』也。」〔註205〕謂乾卦二、五之爻來至坤卦，坤卦變易而爲坎卦，坎卦二至四爻互體爲震，而坤卦二、五之爻亦至乾卦，乾卦而成離卦，離卦二至四爻互體爲巽，而震、巽同聲相應，彷彿其響。同聲相應而同氣相求，乾卦《文言傳》「九五曰：『飛龍在天，利見大人。』何謂也？子曰：同聲相應，同氣相求；水流濕，火就燥；雲從龍，風從虎。」注曰：

> 謂震、巽也；庖犧觀變而放八卦，雷風相薄，故「相應」也。謂艮、
> 兌；山澤通氣，故「相求」也。離上而坎下，水火不相射。乾爲龍，
> 雲生天，故「從龍」也。坤爲虎，風生地，故「從虎」也。〔註206〕

雷風相近，故曰震巽相應，艮爲山，兌爲澤，山澤氣息相通而相求，離火之性上，坎水之性下，水火互不厭惡，乾之象爲龍，雲生於乾天，故曰「從龍」，坤之象爲虎，風生於坤地，故曰「從虎」，此爲氣同而相求。《說卦傳》「天地定位，山澤通氣，火水相射，雷風相薄，八卦相錯。」〔註207〕注曰：

〔註205〕《周易集解》，頁341〜342。

〔註206〕同註205，頁13。

〔註207〕「帛書《易經》卦序編排之原理，蓋本於〈說卦傳〉。〈說卦傳〉第三章云：『天地定位，山澤通氣，雷風相薄，水火不相射。』……此一順序，可謂章法全無。幸而此數句亦見於帛書〈繫辭傳〉：『天地定立（位），□□□□，火水相射，雷風相榑（薄）。』所缺之字，根據今本〈說卦傳〉，當補『山澤通氣』四字。蓋因三句之中，既有天、地、火、水、雷、風，故知所缺者上二字必爲『山』（艮）、『澤』（兌），而今本〈說卦〉之文，『位』、『氣』叶古韻微部，『薄』、『射』叶古韻魚部，故知帛書所缺者其第四字或爲叶韻之『氣』字也。至於其他三句，〈說卦傳〉『水火不相射』，帛書本作『火水相射』，少一『不』字，句式更見整齊，且『定位』、『通氣』、『相薄』云云，皆肯定二卦之相關性，若此句獨作『不相射』，非唯不能顯示坎☵、離☲之矛盾性，其文例亦與他句不同。唐陸德明《經典釋文》云：『鄭、宋、陸、王肅、王廙無「不」字。』更足爲明證。『雷風相薄』句今本居第三，帛書本則在『火水相射』之後。若綜合今本〈說卦傳〉（以『水火』爲次）、《經典釋文》（漢本無『不』字）、帛書〈繫辭傳〉（『火水』句在『雷風』句之前）三者，則八卦方位可作完美之排列。……帛書六十四卦卦序蓋受〈說卦傳〉對八卦方位之觀念所影響而成；而由於帛書六十四卦上下卦之組合順序，又可證明今本〈說卦傳〉『雷風相薄』二句之顛倒。」黃沛榮先生撰：《易學乾坤》（臺北：大安出版社，1998年），頁28〜32。原文爲：「天地定位，山澤通氣，雷風相薄，水火不相射，八卦相錯。」今改爲「天地定位，山澤通氣，火水相射，雷風相薄，八卦相錯。」

    ……謂艮、兌，同氣相求，故「通氣」。謂震、巽，同聲相應，故
「相薄」。謂坎、離，「射」厭也，水火相通，坎戊、離己，月三十
日一會於壬，故「不相射」也。「錯」摩，則剛柔相摩，八卦相盪
也。〔註208〕

山澤通氣謂艮、兌，艮山兌澤而同氣相求，故而「通氣」，同聲相應謂震、
巽，震雷巽風而同聲相應，故而「相薄」，水火相通謂坎、離，坎水離火而
相通，「月體納甲說」中坎月納戊，離日納己，日與月每月三十日相會於壬
方、北方，故而不相厭煩，故知虞翻所見的《說卦傳》為今本「天地定位，
山澤通氣，火水相射，雷風相薄，八卦相錯。」〔註209〕，但此本為誤。又
《說卦傳》以兌卦「為巫」注曰：

    乾為神，兌為通，與神通氣，女，故「為巫」。〔註210〕

乾有神之逸象，「山澤通氣」而兌有「通」之象，兌卦為二陽一陰，若陽息
至三則成乾卦，與乾相通，故曰「與神通氣」，與神相通之女曰「巫」，由此
可知，所通之氣為陽氣。故不論震兌之聲應，艮兌山澤氣通，坎離水火相合，
乾天雲龍相生，坤地風虎相依，有以卦爻之象說明為何相應，以月體納甲說
來詮解，以事物關聯而相繫者，兩兩之間皆因氣性相同而相應、相通。

（三）「品物流形」

  乾坤相互往來而生殊異形類，《繫辭上傳》「言天下之至賾而不可惡也，
言天下之至動而不可亂也；擬之而後言，議之而後動，擬議以成其變化。」
注曰：

    「至賾」无情，陰陽會通，品物流宕，以乾易坤簡之至也；元善之
    長，故「不可惡也」。以陽動陰，萬物以生，故「不可亂」；六二之
    動直以方。「動」舊誤作「賾」也。以陽擬坤而成震，震為言議，為
    後動，故「擬之而後言，議之而後動」；安其身而後動，謂當時也矣。
    議天成變，擬地成化，天施地生，其益无方也。〔註211〕

「至賾」即元，易有太極，太極為太一，此處之「元」與「太一」概念相近，
其後生乾坤天地，乾陽坤陰，陰陽會合互動而各種品類流動成形，又乾卦《文

〔註208〕《周易集解》，頁405～406。
〔註209〕同註208。
〔註210〕同註208，頁429。
〔註211〕同註208，頁316。

言》「乾『元』者，始而『亨』者也；『利貞』者，性情也；乾始能以美利利
天下，不言所利，大矣哉！」注曰：

> 乾始開通，以陽通陰，故始通。「美利」謂「雲行雨施，品物流形」，
> 故「利天下」也。「天何言哉？四時行焉，百物生焉」，故利者大也。
> 〔註212〕

乾開通其道，陽陰相通，乾天經由雲雨施降而與坤地發生變化，四季輪常交
替運行，百物依時而生長，各類品物得以化生成形。屯卦《象傳》「雷雨之
動滿盈」注曰：「震雷，坎雨，坤爲形也。謂三已反正，成既濟，坎水流坤，
故『滿形〔註213〕』。謂雷動雨施，品物流形也。」〔註214〕亦謂雷動雨施而
不同品類事物應運成形，說明乾坤生物是有先後次序，乾陽始生而動坤陰，
具體動作爲乾天之雲行雨施，使坤陰之地產生變化而成形，咸卦《象傳》「聖
人感人心而天下和平」注曰：「……此保合太平，品物流形也。」〔註215〕各
類品物流動成形即爲和諧狀態，殊異萬物之成形乃說明陰陽二氣構成萬物存
有各種可能性，唯有千萬異類氣化整體得以完成、完整。

（四）「方以類聚，物以群分」

《繫辭上傳》「方以類聚，物以群分，吉凶生矣；在天成象，在地成形，
變化見矣。」虞翻注曰：「物三稱『群』。坤方道靜，故『以類聚』；乾物動
行，故『以群分』；乾生故『吉』，坤殺故『凶』，則『吉凶生矣』。……」
〔註216〕坤陰之性爲靜，乾陽之性爲動，乾陽主動聚物而曰「群分」，坤陰被
動相合而曰「類聚」，坤地爲方，故又稱「方以類聚」，乾陽成物，稱「物以
類聚」。《繫辭上傳》「是故《易》有太極，是生兩儀，兩儀生四象，四象生
八卦，八卦定吉凶，吉凶生大業。」注曰：

> ……陽生則吉，陰生則凶，謂方以類聚，物以群分，吉凶生矣；已
> 言於上，故不言「生」，而獨言「定吉凶」也。〔註217〕

〔註212〕《周易集解》，頁17～18。
〔註213〕孫堂作「滿形」，《周易集解》作「滿盈」，但依「坤爲形」及「坎水流坤」及
後文「品物流形」，皆以「形」爲文，故此處當作「滿形」。〔清〕孫堂撰：《虞
翻周易注》（臺北：成文出版社《求無備齋易經集解》，1976年），頁481。
〔註214〕同註212，頁38。
〔註215〕同註212，頁160。
〔註216〕同註212，頁312。
〔註217〕同註212，頁349。

虞翻以陽生物曰吉，謂「物以群分」，以陰生物曰凶，謂「方以類聚」，藉以
闡明萬物皆由陰陽所生，陰陽二爻組成八卦，故八卦中存有陰陽之吉凶，以
「吉凶」涵攝天下事物之情狀。因此在同人卦《大象傳》「天與火，同人；君
子以類族辨物。」注中亦曰：

> 「君子」謂乾，師坤爲類，乾爲族；「辯」，別也，乾陽物，坤陰物。
> 體姤，天地相遇，品物咸章，以乾照坤，故「以類族辯物」。謂方以
> 類聚，物以群分。孔子曰：「君子和而不同。」故於同人象見以類族
> 辯物也。〔註218〕

同人卦旁通師卦，師卦上卦爲坤，坤之逸象爲類，乾逸象爲君子、爲族，而
乾之陽物與坤之陰物相異，又同人卦二至五爻經四爻連互，或二至上爻經五
爻連互皆可得姤卦，姤卦《象傳》「天地相遇，品物咸章」，而同人卦之上卦
乾照師卦之上卦坤，乾坤陰陽本有所別，故曰「類族辯物」，由此可知，萬
物區別係以陰陽二氣來分，陽吉陰凶，陽則群分、陰則類聚，藉此以應「太
極生兩儀」萬物由太極、太一之易道爲始，分爲天與地，陰與陽，萬物各體
皆存氣，但因氣之相異而區別萬類，物類之殊係因陰陽二氣之異，換言之，
因二氣別異而天地間方有殊異形類。損卦六五爻「或益之十朋之龜」虞翻注
曰：「……三動離爲龜；『十』謂神、靈、攝、寶、文、筮、山、澤、水、火
之龜也，故『十朋之龜』。」〔註219〕謂損卦五爻與相應之二爻相易其位而成
益卦，益卦下卦爲震，三爻之陰變易而陽，故下卦爲離，離之逸象爲龜，龜
之分類就有神、靈、攝、寶、文、筮、山、澤、水、火等十種，虞翻雖生於
東漢末年，但思維仍受漢代思潮影響，想要道盡各類事物，冀望與天道相合，
天人一體。

第三節　五　行

一、五　行

中國出現「五行」一詞，可推及《尚書・甘誓》曰：「有扈氏威侮五行，
怠棄三正」〔註220〕且〈洪範〉曰：

〔註218〕《周易集解》，頁86。
〔註219〕同註218，頁203。
〔註220〕〔漢〕孔安國傳；〔唐〕孔穎達正義：《尚書注疏》（臺北：藝文印書館《十三

惟十有三祀，王訪于箕子。王乃言曰：「鳴呼，箕子。惟天陰騭下民，相協厥居，我不知其彝倫攸敘。」箕子乃言曰：「我聞在昔，鯀陻洪水，汩陳其五行。」帝乃震怒，不畀洪範九疇，彝倫攸斁，鯀則殛死，禹乃嗣興，天乃錫禹洪範九疇，彝倫攸敘：初一曰五行……。一、五行：一曰水，二曰火，三曰木，四曰金，五曰土。水曰潤下，火曰炎上，木曰曲直，金曰從革，土爰稼穡。潤下作鹹，炎上作苦，曲直作酸，從革作辛，稼穡作甘。〔註221〕

〈甘誓〉中言「五行」、「三正」，但未說明所指為何，梁啟超以「五行」為五種應行之道，「三正」為三種正義，〔註222〕但實際內容已無從可考，五行之細目於〈洪範〉曰為水、火、木、金、土，更言五者的作用與特性：潤下之物，以水喻之，炎上之物，以火象之，曲直之物，以木比之，從革之物，以金附之，稼穡之物，以土為之。《左傳‧昭公二十九年》〔註223〕蔡墨回覆魏獻子春秋之際為何無龍，說明古代有五行之官職掌自然界五種不同物質，而論及水、火、木、金、土之五行，周幽王太史之史伯於《國語‧鄭語》曰：「夫和實生物，同則不繼。……故先王以土與金、木、水、火雜，以成百物。」〔註224〕

經注疏》，2001 年），卷 7，頁 98。
〔註221〕《尚書注疏》，卷 12，頁 167～169。
〔註222〕梁啟超《陰陽五行說之來歷》曰：「竊疑此文應解為咸侮五種應行之道，怠棄三種正義。其何者為五，何者為三，固無可考，然與後世五行說絕不相蒙，蓋無疑。」顧頡剛編著：《古史辨》（上海：上海書局據樸社 1935 年版影印，1935 年），頁 350。
〔註223〕《左傳‧昭公二十九年》曰：「獻子曰：『今何故無之？』對曰：『夫物物有其官，官脩其方，朝夕思之，一日失職，則死及之，失官不食，官宿其業，其物乃至，若泯棄之，物乃坻伏，鬱湮不育。故有五行之官，是謂五官。實列受氏姓，封為上公，祀為貴神，社稷五祀，是尊是奉。木正曰句芒、火正曰祝融、金正曰蓐收、水正曰玄冥、土正曰后土。龍，水物也，水官棄矣，故龍不生得。』」〔周〕左丘明傳；〔晉〕杜預注；〔唐〕孔穎達疏：《春秋左傳注疏》（臺北：藝文印書館《十三經注疏》，2001 年），卷 53，頁 923～924。又曰：「獻子曰：『社稷五祀，誰氏之五官也？』對曰：『少皞氏有四叔，曰重、曰該、曰脩、曰熙，實能金木及水。使重為句芒，該為蓐收，脩及熙為玄冥，世不失職，遂濟窮桑，此其三祀也。顓頊氏有子曰犁，為祝融。共工氏有子曰句龍，為后土，此其二祀也，后土為社。稷，田正也。有烈山氏之子曰柱，為稷，自夏以上祀之。周棄亦為稷，自商以來祀之。』」《左傳》，卷 53，頁 925～926。
〔註224〕徐元誥撰；王樹民、沈長雲點校：《國語集解》（北京：中華書局，2002 年），卷 16，頁 470。

五行由五種不同事物之性質轉化而有哲學意涵，闡明萬物生成之進程。《呂氏春秋》更將季節、月份、日之位、天干、帝、神、蟲、音、律、數、味、臭、祀、祭等與五行相配對，《呂氏春秋·孟春紀》曰：

> 一曰孟春之月，日在營室，昏參中，旦尾中。其日甲乙、其帝太皞、其神句芒、其蟲鱗、其音角、律中太簇、其數八、其味酸、其臭羶、其祀戶、祭先脾、……。是月也，以立春，先立春三日，太史謁之天子曰：「某日立春，盛德在木」。天子乃齋。立春之日，天子親率三公、九卿、諸侯、大夫以迎春於東郊。……〔註225〕

《呂氏春秋·季夏紀》曰：

> 中央土，其日戊己、其帝黃帝、其神后土、其蟲倮，其音宮、律中黃鐘之宮、其數五、其味甘、其臭香、其祀中霤、祭先心。……
>
> 〔註226〕

春季為木，夏季為火，秋季為金，冬季為水，中央土則歸屬於季夏之中，然依《呂氏春秋》整理圖表，於下所示〔註227〕：

圖表14：依呂氏春秋十二紀之五行分類表

季 節	春季			夏季			中央	秋季			冬季		
月 份	孟春	仲春	季春	孟夏	仲夏	季夏		孟秋	仲秋	季秋	孟冬	仲冬	季冬
日之位	營室	奎	胃	畢	東井	柳		翼	角	房	尾	斗	婺女
日昏之位	參中	弧中	七星中	翼中	亢中	火中		建星中	牽牛中	虛中	危中	東辟中	婁中
日旦之位	尾中	建星中	牽牛中	婺女中	危中	奎中		畢中	觜巂中	柳中	七星中	軫中	氐中
天 干	甲乙			丙丁			戊己	庚辛			壬癸		
帝	大皞			炎帝			黃帝	少皞			顓頊		

〔註225〕《呂氏春秋校釋》，卷1，頁1。

〔註226〕同註225，卷6，頁312。

〔註227〕轉載自鄺芷人撰：《陰陽五行及其體系》（臺北：文津出版社，1998年），頁25。

神	句芒	祝融	后土	蓐收	玄冥
蟲	鱗	羽	倮	毛	介
音	角	徵	宮	商	羽
律	大簇　夾鐘　姑洗	中呂　蕤賓　林鐘	黃鐘之宮	夷則　南呂　無射	應鐘　黃鐘　大呂
數	8	7	5	9	6
味	酸	苦	甘	辛	鹹〔註228〕
臭	羶	焦	香	腥	朽
祀	戶	竈	中霤	門	行
祭	先脾	先肺	先心	先肝	先腎
節	立春	立夏		立秋	立冬
五行	木	火	土	金	水

　　虞翻於《繫辭上傳》「天一，地二；天三，地四；天五，地六；天七，地八；天九，地十。」注曰：

> 水、甲，火、乙；木、丙，金、丁；土、戊，水、己；火、庚，木、辛；金、壬，土、癸。此則大衍之數五十有五，蓍龜所從生，聖人以通神明之德，以類萬物之情。〔註229〕

《禮記・月令篇》鄭玄注《繫辭》曰：「天一生水於北，地二生火於南，天三生木於東，地四生金於西，天五生土於中。陽無耦，陰無配，未得相成。地六成水於北，與天一并；天七成火於南，與地二并；地八成木於東，與天三并；天九成金於西，與地四并；地十成土乎中，與天五并也。」〔註230〕此論五行之生數、成數：水之生數爲一、成數爲六，火之生數爲二、成數爲七，木之生數爲三、成數爲八，金之生數爲四、成數爲九，土之生數爲五、成數爲十，將五行與十天干相應對，由一累加至十則總合爲大衍之數五十五，蓍筮、龜卜因其而生，聖賢藉以通達神明之品德，象喻萬事萬類之情狀。又《繫辭上傳》「天數五，地數五，五位相得而各有合；天數二十有五，地數三十，凡天地之數五十有五，此所以成變化而行鬼神也。」注曰：

〔註228〕圖表中本作「鹼」，「鹼」爲「鹹」之誤，當改爲「鹹」。
〔註229〕《周易集解》，頁344～345。
〔註230〕《禮記》，卷14，頁283。

「天數五」，謂一、三、五、七、九；「地數五」，謂二、四、六、八、十也。「五位」謂五行之位，甲乾、乙坤相得合木，謂天地定位也；丙艮、丁兌相得合火，山澤通氣也；戊坎、己離相得合土，水火相逮也；庚震、辛巽相得合金，雷風相薄也；天壬、地癸相得合水，言陰陽相薄而戰於乾，故「五位相得而各有合」。或以一、六合水，二、七合火，三、八合木，四、九合金，五、十合土也。一、三、五、七、九，故二十五也；二、四、六、八、十，故三十也。天二十五，地三十，故「五十有五」。天地數見於此，故大衍之數略其奇五，而言五十也。〔註231〕

虞翻將八卦、天干、天地之數、五行與月體納甲說相互配對，《周易參同契》：「坎戊月精，離己日光。」〔註232〕、「三日出爲爽，震庚受西方。八日兌受丁，上弦平如繩。十五乾體就，盛滿甲東方。蟾蜍與兔魄，日月氣雙明。……巽辛見平明。艮值於丙南，下弦二十三。坤乙三十日，東北喪其朋。……壬癸配甲乙，乾坤括始終。」〔註233〕故乾納「甲」、「壬」二干，坤納「乙」、「癸」二干，震納「庚」，巽納「辛」，坎納「戊」，離納「己」，艮納「丙」，兌納「丁」。甲、乙爲東方木，丙、丁爲南方火，戊、己爲中央土，庚、辛爲西方金，壬、癸爲北方水。大衍之數源自天地之數五十五，去其零數而爲五十，以象徵天地宇宙事物由生長發育直至成熟階段，甲乾、乙坤爲天地貞定其位，丙艮、丁兌爲山澤之氣相通，戊坎、己離爲水火相逮，庚震、辛巽爲雷風相近，又「文王後天八卦方位」乾值西北，此爲陰陽相戰之位，故乾天之壬與坤地之癸相戰於西北之乾。晉卦六三爻「眾允，悔亡。」注曰：「坤爲眾，『允』信也，土性信，故『眾允』……」〔註234〕漢代常以「五常」與「五行」相對，《漢書‧董仲舒傳》曰：「夫仁誼禮知信五常之道，王者所當修飭也；五者修飭，故受天之祐，而享鬼神之靈，德施于方外，延及羣生也。」〔註235〕木配仁，火配智，土配信，金配義，水配禮，虞翻時值漢末三國之

〔註231〕《周易集解》，頁337～338。
〔註232〕劉國樑注譯；黃沛榮先生校閱：《新譯周易參同契》（臺北：三民書局，2010年），頁16。
〔註233〕同註232，頁23～28。
〔註234〕同註231，頁175。
〔註235〕〔漢〕班固撰；〔唐〕顏師古注；〔清〕王先謙集解：《漢書》（臺北：藝文印書館，1996年），卷56，頁1166。

際，但仍可見漢人以無窮的有限事物欲通達無限之境的終極目標。

二、五德終始說

　　五行觀念盛行於世後，轉而有五行相生與相勝，於《孫子兵法・虛實篇》：「故五行無常勝，四時無常位，日有短長，月有死生。」〔註236〕、《左傳・昭公三十一年》：「火勝金，故弗克。」〔註237〕又〈哀公九年〉：「炎帝爲火師，姜姓其後也。水勝火，代姜則可。」〔註238〕將春秋時期五行相勝觀念運用於朝代更迭輪替之上，另外，五行相生則可見於《管子・五行》曰：

　　　　睹甲子木行御……七十二日而莘；睹丙子火行御……七十二日而
　　　　莘；睹戊子土行御……七十二日而莘；睹庚子金行御……七十二日
　　　　而莘；睹壬子水行御……七十二日而莘。〔註239〕

又〈四時〉曰：

　　　　東方曰星，其時曰春，其氣曰風，風生木與骨，……南方曰日，其
　　　　時曰夏，其氣曰陽，陽生火與氣，……中央曰土，土德實，輔四時
　　　　入出，以風雨節土益力，土生皮肌膚，……西方曰辰，其時曰秋，
　　　　其氣曰陰，陰生金與甲，……北方曰月，其時曰冬，其氣曰寒，寒
　　　　生水與血。〔註240〕

《管子》依時而列木、火、土、金、水之次序，進而與方位、季節、干支等相應，已有五行相生的概念產生，五行本爲自然界五種不同性質之物轉而有思想意涵，因此騶衍將五行觀念運用在歷史朝代轉移上而《史記》稱之爲「五德轉移」〔註241〕、「五德終始」〔註242〕，《史記・秦始皇本紀》曰：

〔註236〕〔漢〕曹操等注：《孫子集註》（臺北：臺灣商務印書館《四部叢刊》影印上
　　　　海商務印書館縮印江南圖書館藏明嘉靖刊本，1976年），卷6，頁79。
〔註237〕《左傳》，頁931。
〔註238〕同註237，頁1014。
〔註239〕〔唐〕尹知章注；〔清〕戴望校正：《管子校正》（臺北：世界書局，1958年），
　　　　頁243。
〔註240〕同註239，頁238～239。
〔註241〕《史記・孟子荀卿列傳》曰：「齊有三騶子，其前騶忌，以鼓琴干威王，因及
　　　　國政，封爲成侯而受相印，先孟子。其次騶衍，後孟子。騶衍睹有國者益淫
　　　　侈，不能尚德，若大雅，整之於身，施及黎庶矣。乃深觀陰陽消息而作怪迂
　　　　之變，終始、太聖之篇十餘萬言，其語閎大不經，必先驗小物，推而大之，
　　　　至於無垠。先序今以上至黃帝，學者所共術，大並世盛衰，因載其禨祥度制，
　　　　推而遠之，至天地未生，窈冥不可考而原也。先列中國名山大川，通谷。禽

始皇推終始五德之傳，以爲周得火德，秦代周德，從所不勝。方今
水德之始，改年始、朝賀皆自十月朔；衣服旄旌節旗皆上黑；數以
六爲紀；符、法、冠皆六寸，而輿六尺、六尺爲步，乘六馬。更名
河曰德水，以爲水德之始。剛毅戾深，事皆決於法，刻削毋仁恩和
義，然後合五德之數。〔註243〕

《史記‧封禪書》知黃帝爲土德，夏代之禹爲木德，殷代之湯爲金德，周代
爲火德，而秦代爲水德。秦始皇深受五德終始說之影響，而以秦爲水德，水
德之始爲十月，色尚黑，數爲六，故以水德爲尚。《春秋繁露‧五行相勝》
〔註244〕中亦用官職之權份來說明五行相剋，而虞翻《易》注中也有五行相
剋之思維，《繫辭下傳》「古者庖犧氏之王天下也。」注曰：

「庖犧」，太昊氏，以木德王天下，位乎乾五，五動見離，離生於

<hr>

獸，水土所殖，物類所珍，因而推之及海外，人之所不能睹，稱引天地剖判
以來，五德轉移，治各有宜，而符應若茲。以爲儒者所謂中國者，於天下乃
八十一分居其一耳。中國名曰赤縣神州，赤縣神州內自有九州，禹之序九
州是也，不得爲州數。中國外如赤縣神州者九，乃所謂九州也。於是有裨海
環之，人民禽獸莫能相通者，如一區中者，乃爲一州。如此者九，乃有大瀛
海環其外，天地之際焉。其術皆此類也。然要其歸，必止乎仁義節儉，君臣
上下六親之施，始也濫耳。王公大人初見其術，懼然顧化，其後不能行之。」
〔漢〕司馬遷撰；〔南朝宋〕裴駰集解；〔唐〕司馬貞索隱：《史記》（臺北：
藝文印書館，2005年），卷74，頁939～940。

〔註242〕《史記‧封禪書》曰：「秦始皇既并天下而帝，或曰：『黃帝得土德，黃龍地
螾見。夏得木德，青龍止於郊，草木暢茂。殷得金德，銀自山溢。周得火德，
有赤烏之符。今秦變周，水德之時，昔秦文公出獵，獵黑龍，此其水德之端』。
於是秦更命河曰「德水」，以冬十月爲年首，色上黑，度以六爲名，音上大呂，
事統上法。……自齊威、宣之時，騶子之徒論著終始五德之運。及秦帝而齊
人奏之，故始皇采用之。……騶衍以陰陽主運，顯於諸侯，而燕齊海上之方
士傳其術，不能通。然則怪迂阿諛苟合之徒自此興，不可勝數也。」《史記》，
卷28，頁540～542。

〔註243〕同註241，卷6，頁120。

〔註244〕下文皆取自於蘇輿撰；鍾哲點校：《春秋繁露義證》（北京：中華書局，2002
年）。「木者，司農也。司農爲姦，朋黨比周，以蔽主明，退匿賢士，絕滅公
卿，教民奢侈，賓客交通，不勸田事，博戲鬥雞，走狗弄馬，長幼無禮，大
小相脅，竝爲寇賊，橫恣絕理，司徒誅之，齊桓是也。……木者君之官也。
夫木者，農也，農者，民也。不順如叛，則命司徒誅，其率正矣。故曰：金
勝木」，卷13，頁367。又曰：「金者，司徒也。司徒爲賊，內得於君，外驕
軍士，專權擅勢，誅殺無罪，侵伐暴虐，攻戰妄取，令不行，禁不止，將率
不親，士卒不使，兵弱地削，令君有恥，則司馬誅之。……金者，司徒，司
徒弱，不能使士眾，則司馬誅之，故曰火勝金。」，卷13，頁370。

木，故知火化，炮啖犧牲，號庖犧氏也。〔註245〕

又《繫辭下傳》「庖犧氏沒，神農氏作，斲木爲耜，揉木爲耒，耒耨之利，以教天下，蓋取諸益。」注曰：

> 「沒」終，「作」起也。神農以火德繼庖犧王，火生土，故知土，則
> 利民播種，號神農氏也。……〔註246〕

庖犧又曰太昊氏，以木德王天下，乾卦五爻變動而上卦爲離，離火而生木，故庖犧用火而使人可食，神農氏繼庖犧而王天下，以火勝木，故曰火德，火能生土而以此使民播種，虞翻承繼五行生勝之說，將此運用在歷史興衰、朝代輪替之上，而以庖犧爲木德，後由火德之神農取而代之。

第四節　三才之象

《繫辭下傳》曰：「《易》之爲書也，廣大悉備，有天道焉，有人道焉，有地道焉。兼三材而兩之，故六。六者非它也，三材之道也。」〔註247〕又《說卦傳》：「兼三才而兩之，故《易》六畫而成卦。」〔註248〕《易》傳中開展出「三才爻位說」，以一別卦中的六爻之位分別象徵「天、地、人」三才之位，初爻、二爻表示「地」之位，三爻、四爻表示「人」之位，五爻、上爻表示「天」之位。

《繫辭上傳》注曰：「在天成象，八卦以象告，象說三才，故『言乎象』也。」〔註249〕謂日月在天而成八卦之象，八卦透過象以告知人們所欲表達之意，卦辭中也闡明三才之情狀。又《繫辭上傳》注曰：『象』謂三才八卦在天也，庖犧重爲六畫也。」〔註250〕、《繫辭下傳》注曰：「效法之謂坤，謂效三才以爲六畫。成象之謂乾，謂聖人則天之象，分爲三才也。」〔註251〕以庖犧畫八卦之象，此八卦指三爻之經卦，初爻爲地，中爻爲人，上爻爲天，後重之而爲六十四卦。三爻之經卦表示三才，而六爻之別卦亦有三才，《繫

〔註245〕《周易集解》，頁362。
〔註246〕同註245，頁364。
〔註247〕〔魏〕王弼、〔晉〕韓康伯注；〔唐〕孔穎達疏：《周易正義》（臺北：藝文印書館《十三經注疏》，2001年），卷8，頁175。
〔註248〕同註245，卷9，頁183。
〔註249〕同註245，頁316。
〔註250〕同註245，頁315。
〔註251〕同註245，頁361。

辭上傳》注曰：「『引』謂庖犧引信三才，兼而兩之，以六畫；『觸』動也，謂六畫以成六十四卦，故『引而信之，觸類而長之』。」〔註252〕庖犧將三才之經卦重疊擴展爲別卦，以成六爻之畫，六爻中亦存三才。「三才」又可稱爲「三極」，《繫辭上傳》「參伍以變，錯綜其數，通其變，遂成天地之文，極其數，遂定天下之象，非天下之至變，其孰能與於此！」注曰：

> 逆上稱「錯」，「綜」理也；謂五歲再閏，再扐而後掛，以成一爻之變，而倚六畫之數；卦從下升，故「錯綜其數」，則三天兩地而倚數者也。變而通之，觀變陰陽始立卦，乾坤相親，故「成天地之文」；物相雜，故曰文。「數」，六畫之數，六爻之動，三極之道，故定天下吉凶之象也。謂參伍以變，故能成六爻之義，六爻之義易以貢也。
> 〔註253〕

又《繫辭下傳》「八卦成列，象在其中矣；因而重之，爻在其中矣；剛柔相推，變在其中矣；繫辭焉而命之，動在其中矣。」注曰：

> 「象」謂三才成八卦之象，乾、坤列東，艮、兌列南，震、巽列西，坎、離在中，故「八卦成列」，則「象在其中」，天垂象，見吉凶，聖人象之是也。謂參重三才爲六爻，發揮剛柔，則「爻在其中」；六畫稱爻，六爻之動，三極之道也。……〔註254〕

著占之數中，一卦六爻之數象徵六爻變動，六爻爲三爻畫之重，藉以表示三才極至之道，更以此確立天下吉凶之象。而乾卦《文言傳》注曰：「天道三才，一乾而以至三，乾成，故爲『上』」〔註255〕乾卦九三爻雖位於下卦，但已蘊藏天道之三才，以經卦之乾而言，九三爲上，故可知虞翻三才可用以說明八卦中之經卦與別卦，至於三才所指爲何？《繫辭上傳》「夫《易》廣矣，大矣！以言乎遠則不禦，以言乎邇則靜而止，以言乎天地之間則備矣。」注曰：

> 乾象動直，故「大」；坤形動闢，故「廣」也。「禦」止也，「遠」謂乾天，高不禦也。「地」謂坤，坤至靜而德方，故「正」也。謂《易》廣大悉備，有天、地、人道焉，故稱「備」也。〔註256〕

又《繫辭下傳》「是故《易》者，象也；象也者，像也。彖者，材也；爻也者，

〔註252〕《周易集解》，頁339～340。
〔註253〕同註252，頁342。
〔註254〕同註252，頁359。
〔註255〕同註252，頁12。
〔註256〕同註252，頁323。

效天下之動者也。是故吉凶生而悔吝著也。」注曰：

> 「易」謂日月在天成八卦象，縣象著明，莫大日月是也。「象」說三
> 才，則三分天象以爲三才，謂天、地、人道也。「動」發也，謂兩三
> 才爲六畫，則發揮剛柔而生爻也。爻象動內，則吉凶見外，吉凶悔
> 吝者，生乎動者也，故曰「著」。〔註257〕

「象」即指卦辭，卦辭中說明日月在天而成八卦之象，其象分天道、地道與
人道，而易道廣大兼備，此三才之道亦含覆其中。《說卦傳》「昔者聖人之作
《易》也，幽贊於神明而生蓍，參天兩地而倚數，觀變於陰陽而立卦，發揮
於剛柔而生爻，和順於道德而理於義，窮理盡性以至於命。」注曰：

> 「倚」立，「參」三也，謂分天象爲三才，以地兩之，立六畫之數，
> 故「倚數」也。謂立天之道，曰陰與陽，乾坤剛柔立本者，「卦」謂
> 六爻，陽變成震、坎、艮，陰變成巽、離、兌，故立卦；六爻三變，
> 三六十八，則十有八變而成卦，八卦而小成是也；《繫》曰：「陽一
> 君二臣，陰二君一民」，不道乾、坤者也。謂立地之道，曰柔與剛，
> 「發」動，「揮」變，變剛生柔爻，便柔生剛爻，以三爲六也，因而
> 重之，爻在其中，故「生爻」。謂立人之道，曰仁與義，「和順」謂
> 坤，「道德」謂乾，以乾通坤，謂之「理義」也。以乾推坤謂之「窮
> 理」，以坤變乾謂之「盡性」，性盡理窮，故「至於命」；巽爲命也。
> 〔註258〕

虞翻於《繫辭下傳》注曰：「乾剛坤柔，爲六子父母，乾天稱父，坤地稱母，
本天親上，本地親下，故『本立者也』。」〔註259〕以乾卦二、五之爻至坤卦，
而成震、坎、艮之三陽卦，坤卦二、五爻至乾卦，而成巽、離、兌之三陰卦，
三陽三陰而立卦，闡明天之道者爲陰與陽，變剛而爲柔，變柔而生剛，三爻
重爲六爻，以剛柔變動而生爻，說明地之道者爲柔與剛，和順係指坤，道德
即指乾，以乾旁通坤，坤之逸象爲理、爲義，故稱之「理義」，以乾推移消
滅坤，稱之「窮理」，乾之象爲性，以坤改變乾爲「盡性」，性盡窮理而至於
命，以坤消乾而成姤卦，姤卦下卦爲巽，順其道德而達其理義，說明人之道
爲仁與義。天道、地道、人道皆爲乾坤之常道，乾坤爲陰陽、剛柔，以乾通

〔註257〕《周易集解》，頁368～369。
〔註258〕同註257，頁403～404。
〔註259〕同註257，頁359。

－323－

坤，以坤變乾，如乾坤彼此互動而道在其中，此道非存在而不活動，是在互相感通、活動之中，顯現存在之價值，乾坤常道因不同之位而其名迥異，在天稱陰陽，在地稱柔剛，在人稱仁義，但實際內容即爲乾坤之道，亦可稱爲易之道。

一、天 道

　　三才爻位說以六個爻位象徵天、地、人三才，初、二爻爲地之位，三、四爻爲人之位，五、上爻爲天之位，乾卦九五爻「飛龍在天，利見大人」注曰：

> 謂四已變，則五體離，離爲飛，五在天，故「飛龍在天，利見大人」也。〔註260〕

五爻爲天之正位，上爻爲天之偏位，故「五在天」。謙卦《象傳》「天道虧盈而益謙；地道變盈而流謙；鬼神害盈而福謙；人道惡盈而好謙；謙，尊而光，卑而不可踰，『君子』之『終』也。」注曰：

> 謂乾盈履上，虧之坤三，故「虧盈」；貴處賤位，故「益謙」。謙三〔註261〕以坤變乾盈，坎動而潤下，水流溼，故「流謙」也。「鬼」謂四，「神」謂三；坤爲鬼害，乾爲神福，故「鬼神害盈而福謙」也。乾爲好，爲人，坤爲惡也，故「人道惡盈」；從上之三，故「好謙」矣。天道遠，故「尊、光」；三位賤，故「卑」；坎水就下，險弱難勝，故「不可踰」。〔註262〕

謙卦三爻之陽係乾卦上爻之陽來至坤卦三爻之位，上爻處三才之天位，謙卦陽爻從上爻而至，故曰「天道遠」。

二、地 道

　　地道所指爲初爻、二爻，坤卦《象傳》「應地无疆」注曰：

〔註260〕《周易集解》，頁3。
〔註261〕《周易集解》本爲「謙二」，李道平云：「二當作三。」當從。〔清〕李道平撰：潘雨廷點校：《周易集解纂疏》（北京：中華書局，2006年），卷3，頁195。謙卦三爻爲乾卦至坤卦三爻而成，又謙卦唯有三爻爲陽爻，故文中「謙二以坤變乾盈」當改爲「謙三以坤變乾盈」。
〔註262〕同註260，頁92～93。

震爲應。陽正於初，以承坤陰，地道應，故「應地无疆」。〔註263〕

坤之初爻由陰變陽而成初九，陽於初爻之位爲正，下卦成經卦之震，震爲應，初九之陽承接五個陰爻，此「承」字非象數體例，而當「承接」之意，初爻之陽與四爻之陰相應，而曰「應地无疆」，此「地」乃爲地道之初爻也，而初爻爲地道之正位。又坤卦六三爻「含章，可貞；或從王事，无成有終。」注曰：

> 「貞」正也，以陰包陽，故「含章」；三失位，發得正，故「可貞」
> 也。謂三已發，成泰，乾爲王，坤爲事，震爲從，故「或從王事」；
> 地道无成而有終，故「无成有終」。〔註264〕

謂坤卦六三以陰包陽，但三爻之陰失位而變正爲陽，由初爻變至三爻而成泰卦，泰卦下卦爲乾，上卦爲坤，乾爲王，坤爲事，三至五爻互體爲震，震爲從，曰「或從王事」，但此爻爲三，「地道无成而有終」係指三爻或指初、二兩爻？筆者以爲由虞翻解《易》理路而觀，每言某卦某爻，常以旁通之卦、之正之卦等說明卦爻辭，在此雖言六三爻辭，但六三爻之下爲初、二兩爻，三爻爲三才之人，初、二兩爻爲地，故以初、二爲所指之地道，其說爲佳，地道雖無所成就，但卻能有善終。

三、人　道

乾卦《大象傳》「天行健，君子以自強不息」注曰：

> 「君子」謂三，乾健故「強」，天一日一夜過周一度，故「自強不息」；
> 老子曰：「自勝者強。」〔註265〕

九三爲君子，君子係指已至公務機關任職者，而虞翻將乾卦九三以三才之人來說明，故三謂「君子」，九三爻乾德剛健曰強，天之晝夜不停息地周轉用度，故稱自強不息，此以乾卦三爻之位指稱三才之人。

〔註263〕《周易集解》，頁28。
〔註264〕同註263，頁29～30。
〔註265〕同註263，頁5。